우리 몸은 작은 우주야

초판 1쇄 발행 2013년 2월 15일
초판 6쇄 발행 2019년 4월 20일
글쓴이 | 조대연
그린이 | 강현빈·오윤화
펴낸이 | 박선희, 김사라
펴낸곳 | 해와나무
편집 | 김경아, 송지연, 한유경, 최옥경
디자인 | 권석연·남경민
마케팅 | 이택수
출판 등록 | 2004년 2월 14일 제312-2004-000006호
주소 | 서울특별시 영등포구 양산로23길 17 2층
전화 | (02)362-0938, 7675
팩스 | (02)312-7675
ISBN 978-89-6268-103-1 73400

ⓒ 조대연, 강현빈, 오윤화 2013

- 값은 뒤표지에 있습니다.
- 책 내용의 일부 또는 전부를 인용하거나 발췌하려면 반드시 저작권자와 출판사 양측의 서면 동의를 구해야 합니다.
- 해와나무 도서 판매 수익금의 일부는 한우리봉사단과 아름다운재단 등에 기부되어 소외 아동과 청소년을 위해 사용됩니다.

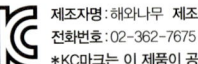 제조자명:해와나무 제조국명:대한민국 제조년월:2019년 4월 20일 대상 연령:8세 이상
전화번호:02-362-7675 주소:서울특별시 영등포구 양산로23길 17 2층
*KC마크는 이 제품이 공통안전기준에 적합하였음을 의미합니다.

우리 몸은 작은 우주야

생각이 자라는 인체 이야기

조대연 글 | 강현빈·오윤화 그림

해와나무

차례

들어가는 이야기
왜 '우리 몸'에 대해 배워야 할까?　6

❶ 우리 몸, 어떻게 살아?

사람은 다른 사람이 없으면 못 살아　14
한 발은 자연 안에, 한 발은 자연 밖에　17
부부로 짝을 지어서　22
조금씩 닮고 조금씩 달라　26
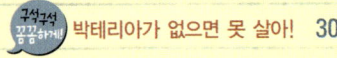 박테리아가 없으면 못 살아!　30

❷ 우리 몸, 무엇으로 살아?

신세 지며 살아가는 '몸'　34
물에서 태어났어!　37
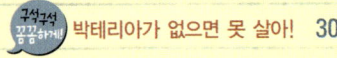 단세포 생물이 산소를 만든다고?　40

❸ 몸은 어디에서 왔을까?

한 개에서 100조 개로　44
옛날, 옛날, 까마득히 먼 옛날에　48
 사람으로 태어나는 기적　52

❹ 사람처럼 생긴 몸

뼈, 움직이는 기둥　56
근육이 있어서 동물이야　60
우리 몸을 지키는 피부와 털　64
몸은 날마다 바뀌어　69
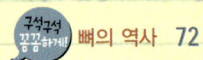 뼈의 역사　72

❺ 사는 것은 먹는 것이다

중추 신경의 음식 먹기　76
자율 신경의 음식 먹기　81
담아 두고 나눠 주는 간　90
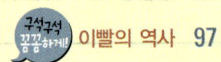 이빨의 역사　97

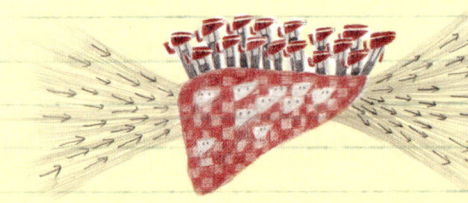

❻ 9만 킬로미터의 여행

멈추지 않는 피의 여행 100
쉬지 않고 일하는 심장 105
내 가슴의 산소 공장, 허파 108
분리수거와 재활용을 하는 콩팥 111
36.5도를 지켜라 114

 산소! 약일까, 병일까? 117

❼ 감각 기관

자극적인 삶 120
냄새 맡기 124
보기 127
듣기 132
맛보기 135
온몸으로 느끼기 138

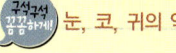 눈, 코, 귀의 역사 140

❽ 생각하기

영혼은 어디에 있을까? 144
생명, 감정, 이성의 뇌 148
화내는 사람들 151
기억은 어디에 있을까? 154
행복한 뇌의 세상, 불행한 뇌의 세상 157
누구나 꿈을 꿔 160
남에게 말 걸기 162

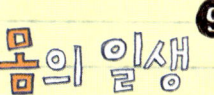 구닥다리 뇌와 최신식 뇌의 공생 164

❾ 몸의 일생

266일 더하기 1년 168
어른 되기 170
아픈 몸, 건강한 몸 172
엄마 아빠, 힘내세요 175
자연으로 돌아가기 177

 죽음의 탄생 179

들어가는 이야기

왜 '우리 몸'에 대해 배워야 할까?

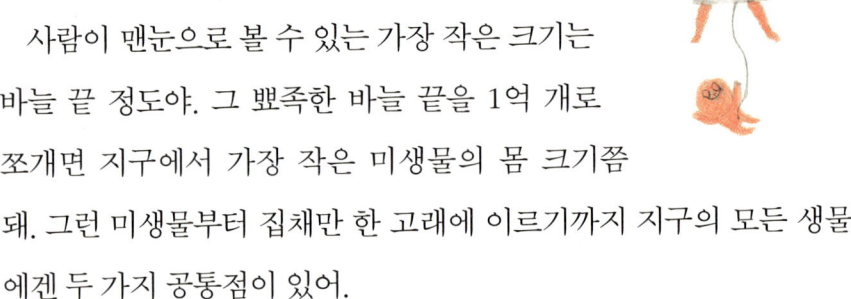

사람이 맨눈으로 볼 수 있는 가장 작은 크기는 바늘 끝 정도야. 그 뾰족한 바늘 끝을 1억 개로 쪼개면 지구에서 가장 작은 미생물의 몸 크기쯤 돼. 그런 미생물부터 집채만 한 고래에 이르기까지 지구의 모든 생물에겐 두 가지 공통점이 있어.

하나는, 모든 생물에겐 부모가 있다는 거야. 부모 없이 불쑥 하늘에서 떨어지거나 땅에서 솟아나는 생물은 없으니까. 그리고 다른 하나는, 모든 생물은 자기 부모를 닮는다는 거야.

사람도 마찬가지지. 우리는 누구나 부모가 있고, 많든 적든 부모를 닮아. 몸집, 키, 눈 등 생김새만 부모를 닮는 건 아니야. 성격이나 생각 역시 부모와 비슷한 면이 많아. 몸뿐만 아니라 마음까지 부모를 닮는 거지. 그건 몸과 마음이 따로따로가 아니라는 뜻이기도 해.

수천만 종이나 되는 지구 생물들은 모두 자기 부모의 몸을 닮고, 그 몸에 알맞은 방식으로 살아가. 예를 들어, 자연에서 사슴은 십중팔구 호랑이나 늑대 같은 맹수의 먹이가 되어 죽음을 맞지. 그렇다면 사슴이 사슴을 낳고, 사슴이 사슴으로 태어나는 건 분하고 억울한 일일까?

"기왕이면 힘센 호랑이로 태어날 일이지. 하필이면 사슴으로……."
새끼 사슴은 이렇게 한탄이라도 해야 할까?

꼭 그렇지는 않아. 새끼 사슴이 호랑이 먹이가 될 확률보다 새끼 호랑이가 굶어 죽을 확률이 더 높거든. 더구나 어린 수컷 호랑이는 어른 수컷 호랑이하고 마주치기라도 하면 죽은 목숨이야. 다른 호랑이가 낳은 수컷을 죽이는 건 호랑이의 본능이니까.

그러니까 호랑이처럼 힘이 세다는 게 자연에서 살아남는 데 늘 유리한 조건은 아니야. 단지, 호랑이의 몸은 호랑이로 살아가기에 알맞고, 사슴의 몸은 사슴으로 살아가기에 알맞은 거지. 호랑이의 힘센 몸은 먹이를 덮쳐서 재빨리 목숨을 끊기에 알맞아. 사슴의 날쌘 몸은 맹수를 따돌리고 달아나기에 알맞고.

그러면 사람의 몸은 어떨까?

대부분의 동물들은 살아가는 데 필요한 지식, 곧 먹이 구하는 방법이나 천적 피하는 방법 같은 지식을 몸에 지니고 태어나. 예를 들어, 새끼 악어는 알을 깨고 나오자마자 혼자 먹이를 사냥해. 살아가는 데 필요한 지식이 새끼 악어 머릿속에 다 들어 있는 거야. 이런 걸 '본능'이라고 해.

그런데 사람은 달라. 갓난아이의 머릿속엔 살아가는 데 필요한 지식이라곤 거의 없어. 머릿속이 텅텅 빈 채로 세상에 태어나는 거야. 사람은 혼자서 살아가려면 적어도 10년에서 길게는 20년은 걸려. 사람은 살아가는 데 필요한 지식을 모두 다른 사람에게 배워야 하거든.

사슴은 태어나자마자 벌떡 일어서고 몇 분만 지나면 뛸 수도 있어. 하지만 갓 태어난 사람은 뒤집혀 버둥거리는 거북이처럼 제 몸을 뒤집지도 못해. 사슴은 태어나서 1년이 지나면 어미 없이 혼자 살아갈

수 있지만, 사람은 태어나서 1년이 지나도록 혼자서는 제대로 걷지도 못해.

　이처럼 사람은 다른 사람이 없으면 살아가지 못해. 사람의 몸은 자연에서 홀로 살아가기엔 형편없이 약해. 몸길이가 겨우 50센티미터인 사향고양이조차 혼자선 당해 내기 어렵거든.

　그래서 사람들은 아주 오래전부터 무리를 이루고 모여 살았어. 여럿이 힘을 합쳐야 목숨을 지킬 수 있으니까. 누군 아이를 낳아 키우고, 누군 먹을 걸 구하고, 누군 집을 짓고, 누군 적과 싸우고……. 그렇게 일을 나누어 하며 서로서로 의지하며 살아온 거지.

　그러니까 숲에서 홀로 살아가는 호랑이의 몸과 무리 지어 살아가는 사람의 몸은 그 쓰임새가 다를 수밖에 없겠지. 호랑이의 몸은 사냥을 하고 다른 호랑이와 싸우는 데 알맞지만, 사람의 몸은 싸움하곤 거리가 멀어. 호랑이의 앞발은 단번에 소의 등뼈를 부러뜨려. 하지만 사람의 손은 도구를 만드는 일에 어울리지, 주먹으로 남을 때리는 일엔

어울리지 않아.

  또한 넓은 땅을 혼자 차지해야 살아갈 수 있으니까, 호랑이의 사전에 평등이란 낱말은 없어. 하지만 옹기종기 모여야 살아갈 수 있으니까, 사람의 사전에선 평등이 가장 중요한 낱말일 거야. 색맹인 데다 썩 밝은 편은 아니지만, 호랑이의 눈은 먹이인지 적인지 분별할 수만 있으면 그만이야. 하지만 사람의 눈은 무척 밝아서 표정만 보고도 엄마의 속마음을 읽고 재빨리 컴퓨터를 끄곤 하지.

  사람의 커다란 머릿속엔 수만 개의 낱말이 들어 있어. 지구엔 3천여 종의 언어가 있는데, 모든 언어는 서로 번역이 가능해. 마음을 나타내는 가장 중요한 도구가 언어, 곧 말과 글이잖아? 어디에서 살아가든, 사람끼리 말이 통한다는 건 지구의 모든 사람끼리 서로 마음이 통할 수 있다는 뜻이지.

  또한, 사람은 서로 돕고 힘을 모아 살아가기에 알맞은 몸을 지녔어. 호랑이가 다른 호랑이의 새끼를 죽이는 건 자연스러운 행동이야.

훗날 경쟁자가 될 적을 미리 해치우는 거지. 넘어진 아이에게 손을 내미는 건 사람다운 행동이고.

이처럼 우리 몸은 더불어 살아가기에 알맞게 태어났어. 그래서 우리가 우리 몸에 대해 배운다는 건 우리가 어떻게 살아왔는지, 앞으로 어떻게 살아가야 하는지 이해하게 된다는 뜻이기도 해.

몸의 구조와 기능을 속속들이 파헤치는 건 의사에게나 중요한 일이야. 우리가 우리 몸에 대해 배운다는 건 우리가 무얼 해야 하고 무얼 하지 말아야 하는지 알게 된다는 뜻이야. 사람이 어떻게 사라지지 않고 지구에서 살아남았는지 우리 몸에 씌어 있으니까. 그리고 사람이 지구에서 사라지지 않으려면 앞으로 어떻게 해야 하는지도 우리 몸에 씌어 있거든.

사람은 다른 사람이 없으면 살아가지 못해.
다른 동물과 비교해서 사람의 몸은 참 약하고 볼품없거든.
그래서 모여 살기! 가족끼리, 이웃끼리 뭉쳐서 사는 거야.
힘? 아무리 힘이 세 봐야 혼자선 별 소용없어.
달리기? 아무리 빨라 봐야 혼자선 별 소용없어.
멀고 먼 옛날, 사람이 거친 자연에서 살아가던 시절이 있었어.
그때는 강한 개인이 살아남은 게 아니라 강한 무리가 살아남았어.

우리 몸, 어드렁게 살아? ①

사람은 다른 사람이
없으면 못 살아

 이런 상상을 한번 해 봐. 세상에 문명도 없고 도시도 없어. 그러면 피시방과 놀이공원도 없겠지. 당연히 학교와 학원도 없을 테고. 우리는 초원에서 야생 동물들과 함께 살아가는 거야. 사자나 표범 같은 맹수가 있고, 소나 영양 같은 초식 동물도 있어.

 낮엔 그럭저럭 평화로워 보이지만, 해가 지고 나면 초원은 으스스한 사냥터로 변해 버리지. 맹수는 무성한 풀숲에 몸을 숨긴 채 몰래몰래 다가가고, 초식 동물은 눈을 부릅뜬 채 귀를 쫑긋 세우고 코를 킁킁거리며 주위를 살펴. 와락! 하고 풀숲에서 맹수가 튀어나오면 초원은 순식간에 아수라장으로 바뀌어. 쫓고 쫓기고, 넘어지고 덮치고…….

 이런 사냥터를 홀로 다니는 사람은 그저 먹잇감일 뿐이지. 저기, 100미터쯤 떨어진 곳에서 맹수가 사람을 노리고 달려와! 우샤인 볼트라면 맹수를 따돌리고 달아날 수 있을까? 100미터 세계 신기록을 세운 육상 선수 말이야. 어림없어. 치타는 5초 만에 볼트를 따라잡을 거야. 사자는 8초 만에, 표범은 12초 만에, 하이에나는 13초 만에 가엾은 볼트를 따라잡겠지.

사나운 초식 동물에게 잘못 보여도 큰일 나. 100미터 떨어진 곳에서 하마를 약 올렸다간 34초 만에 따라잡혀 커다란 송곳니에 물리게 될 거야. 악어도 벌벌 떨게 하는 하마 송곳니에 물리면 십중팔구 죽고 말지.

초원은 너무 위험하니까 추운 곳으로 옮겨 가 볼까? 하지만 거기도 사정은 비슷해. 뭘 모르는 사람들은 곰이 둔하고 미련하다고 말하곤 하지.✚ 100미터쯤 떨어진 곳에서 북극곰에게 "이 미련한 곰탱아!"라고 외치곤 있는 힘껏 달아나 봐. 아마 2분쯤 뒤에 북극곰 얼굴을 보게 될 거야.

태권도나 쿵후 같은 무술을 익히면 되지 않겠냐고? 옛날이야기에는 호랑이를 맨손으로 잡은 장사 이야기가 종종 나와. 그런 이야기는 막 걸음마를 뗀 아이가 씨름 천하장사를 이겼다는 것만큼이나 심한 과장이야. 사람으로 치면 초등학교 저학년쯤 되는 꼬마 침팬지한테도 힘으론 사람 어른이 지고 말아.✚

> ✚ **곰이 미련 곰탱이라고?**
> 알래스카 이뉴잇들은 "북극곰을 본 사람은 이미 죽은 거나 마찬가지다!"라고 말해. 거리가 몇 킬로미터든 몇십 킬로미터든, 그 사람이 달리기가 빠르든 느리든, 끝내는 곰에게 따라잡힌다는 뜻이야.

용케 맹수를 피한다고 해도, 먹을 것을 구해야 살잖아? 하지만 보통 어려운 일이 아니야. 초식 동물을 사냥하면 좋겠는데, 사람보다 느린 초식 동물은 거의 없어. 더구나 초식 동물은 맹수를 따돌리며, 때론 맹수와 싸우며 살아온 거친 동물이야.

사자 같은 전문 사냥꾼도 열 번 사냥에 나서면 한두 번밖에 성공하지 못해. 그나마 치타가 열 번에 세 번쯤 성공하는 가장 뛰어난 사냥꾼이지. 그러니 사람은 살아남으려면 열매든 풀뿌리든 맹수가 먹고 남긴 뼈다귀든, 닥치는 대로 따 먹고 캐 먹고 핥아 먹어야 해.

야생 동물의 세계에서 사람은 참 약하고 볼품없어. 자연에서 사람이 살아남으려면 달리 방법이 없어. 모여 살기! 가족끼리, 이웃끼리 뭉쳐서 사는 거야.

사람은 다른 사람이 없으면 살아가지 못해. 힘? 아무리 힘이 세 봐야 혼자선 별 소용없어. 달리기? 아무리 빨라 봐야 혼자선 별 소용없어.

멀고 먼 옛날, 사람이 거친 자연에서 살아가던 시절이 있었어. 그때는 강한 개인이 살아남은 게 아니라 강한 무리가 살아남았어.

✚ 무시무시한 침팬지의 힘!

인간의 힘을 100이라고 치면 평소엔 50까지밖에 힘을 쓰지 못해. 시도 때도 없이 100까지 힘을 쓰다간 인대가 망가지고 근육을 지탱하는 뼈가 부러질 수 있어. 단, 목숨이 위태로울 땐 아드레날린이 분비돼 100의 힘을 모두 쓰게 해. 그런데 침팬지는 평소 힘이 적어도 250이니 50 정도밖에 안 되는 인간이 당해 낼 수 없지.

한 발은 자연 안에,
한 발은 자연 밖에

　무리를 이루어 살아가는 동물이 꽤 많아. 아주 작은 개미부터 몸집이 큰 코끼리에 이르기까지 다양한 동물이 다양한 사회를 이루고 살아가. 소나 말처럼 초원에서 살아가는 초식 동물 무리는 자기 영토가 없어.

　하지만 사람과 가장 가까운 친척인 침팬지는 달라. 침팬지 무리는 축구장 3,000개 크기의 영토를 독차지하곤 다른 침팬지 무리나 낯선 침팬지가 들어오면 목숨을 걸고 싸워. 침팬지 무리는 적과 싸울 때 하나로 똘똘 뭉쳐. 그러다 적이 사라지면 무리 안에서 곧잘 싸움이 벌어져. 가장 강한 우두머리부터 가장 약한 녀석까지, 침팬지 무리엔 계단 같은 서열이 있거든.

　싸움은 주로 우두머리 자리를 놓고 벌어지는데, 우두머리가 되면 먹이든

짝짓기든 자기가 먼저, 또는 몽땅 차지할 수 있기 때문이야. 얌전한 초식 동물 무리에서도 짝짓기 철이 되면 난투극이 벌어져. 암컷들은 싸움을 지켜보다가 이긴 수컷과 짝짓기를 하지.

  사람의 힘이 더해지지 않고 저절로 생겨난 산, 강, 바다, 식물, 동물 따위를 통틀어 자연이라고 해. 자연은 주로 강자와 승자의 편이야. 약자와 패자는 차별뿐만 아니라 때론 죽음마저 받아들여야 해.

  권리, 의무, 자격이 차별 없이 고르다는 뜻으로 평등은 좋은 거잖아? 하지만 자연에서 평등은 자연스러운 게 아니야. 자연에선 불평등이 더 자연스러워. 사람 사회도 마찬가지지. 여성과 남성 사이에, 부유한 사람과 가난한 사람 사이에, 힘이 센 사람과 약한 사람 사이에 불평등이 있어. 그런 면에서 사람은 여전히 자연의 일부야.

하지만 어떤 면에선 사람은 자연의 일부가 아니기도 해. 사람은 평등을 이루려고 노력하니까. 때론 목숨까지 걸고 싸우며 평등을 이루려고 노력하거든. 그래서 사람은, 한 발은 자연 안에 걸치고 다른 한 발은 자연 밖에 걸치고 살아가는 셈이야.

동물은 자기보다 힘센 녀석에게 본능적으로 굴복하고 차별을 순순히 받아들이지만, 사람은 달라. 사람은 차별받으며 억눌리기도 하지만 화를 내고 맞서기도 해. 불평등이 자연의 이치라면, 모든 평등은 싸워서 얻은 것이고 싸워서 얻는 거지.✚

사람이 다른 모든 동물하고 다른 점은 평등이 사람끼리 뭉치게 하는 힘, 곧 평등이 집단을 강하게 하는 힘이 된다는 거야. 사람 사회에서 지나치게 불평등한 집단은, 경쟁하는 다른 집단에 밀려나기 마련이야. 집단에서 차별받는 사람이 집단을 위해 뭘 열심히 하겠어? 차별받는 사람이 늘어나면 집단은 점점 약해지고 허물어지다 끝내는 사라지는 거지.

침팬지끼리 우두머리 자리를 놓고 다투듯, 경쟁은 자연을 지배하는 원리야. 식물들도 동물들 못지않게 서로 치

> ✚ **형! 한번 해보자는 거야?**
> 새 둥지에서는 덩치 큰 형이 먼저 먹이를 차지하고 동생들은 먹을 기회를 좀처럼 얻지 못해. 동생들이 굶든 말든, 어미는 더 크게 입을 벌리고 가장 먼저 달려드는 형에게 먹이를 줘. 동생들이 살아남는 방법은 오직 하나, 형과 죽기 살기로 먹이다툼하는 것뿐이야.

열하게 경쟁해. 산불로 잿더미가 된 산엔 소나무가 먼저 자리를 잡아. 소나무는 마르고 거친 땅에서도 잘 자라거든. 소나무 덕분에 산이 비옥해지면 참나무가 슬그머니 나타나.

결국 산에서 자리다툼이 벌어지는데, 참나무는 그늘 속에서도 소나무보다 빨리 자라. 얼마 안 가 무성한 참나무 잎이 소나무를 덮어 버리고, 소나무는 그늘에서 햇볕을 받지 못해 시들다 사라져. 그러다 또 산불이 나면 다시 소나무 숲이 들어서고……. 나무와 풀이 어우러진 아름다운 산과 들은 실은 소리 없는 전쟁터인 거지.

하지만 예외인 경우도 있어. 대부분의 식물들은 자기 씨앗을 되도록 멀리 보내려고 애써. 바람에 날려 보내기도 하고 사과처럼 맛있는 과일 속에 씨앗을 담기도 해. 그러면 동물이 사과를 먹고 씨앗을 멀리 옮겨 주는 거지. 부모는 자기 자식하곤 경쟁하기 싫은 거야. 자기 씨앗이 가까운 곳에서 싹을 틔우면 부모와 자식이 땅속 양분을 두고 경쟁해야 하니까.

이와 같은 경우를 제외하면, 동물이든 식물이든 자연에서 살아가려면 경쟁은 피할 수 없어. 경쟁하다 보면 승자와 패자가 있기 마련이지. 자연에선 경쟁에서 패하면 먹이나 짝짓기를 포기해야 하고 심지어 죽을 수도 있어.

하지만 사람의 경쟁은 소나무의 경쟁하곤 달라. 대학에 가려고 서로 경쟁하지만 그 경쟁에서 패했다고 소나무처럼 끝장나는 건 아니잖아? 대학에 가지 않고도 살아갈 수 있는 방법은 있으니까.

초식 동물 무리에선 경쟁에서 이긴 가장 강한 수컷 한 마리가 짝짓기를 독차지하는 경우가 많아. 그해 그 무리에서 태어난 새끼는 모두 그 수컷 자식이지. 경쟁에서 패한 나머지 수컷들은 자식을 낳아 부모가 될 기회를 얻지 못하는 거야.✚

소나 영양 같은 초식 동물은 수컷의 도움 없이 암컷 혼자 자식을 키워. 그러니 그해 태어난 새끼들의 아비가 누구든 새끼들에겐 달라질 게 없어.

하지만 사람의 아이는 태어나서 몇 해 동안 엄마 품에서 자라기 때문에 아빠의 도움이 필요해. 사람 사회에서 초식 동물 같은 짝짓기 경쟁이 벌어진다고 상상해 봐. 한 명의 아빠가 몇 명의 엄마와 아이를 도울 수 있을까?

승자와 패자의 차이가 자연에서처럼 크면 사람 사회는 견디지 못해. 경쟁에서 이긴 사람이 물론 유리하긴 하지만, 경쟁에서 패한 사람도 사람답게 살 수 있어야 사람 사회인 거지.

✚ **수컷 물개는 욕심쟁이!**
물개는 수컷 한 마리가 암컷 50마리를 독차지하고 짝짓기를 하기도 해.

부부로
짝을 지어서

　　초식 동물의 새끼는 태어나서 몇 분만 지나면 달릴 수 있어. 그래야 맹수 밥이 되지 않을 테니까. 맹수는 주로 어리거나 늙었거나 병든 초식 동물을 노리거든.

　　하지만 갓난아이는 기기는커녕 혼자선 제 몸을 뒤집지도 못해. 어른의 몸은 8등신이라고 하여, 전체 몸길이가 8이라면 얼굴 길이는 1쯤 돼. 갓난아이는 4등신, 곧 얼굴 길이가 1이고 전체 몸길이는 4야. 갓난아이의 머리는 몸에 비해 상당히 크지만 다 자라려면 아직 멀었어. 어른의 뇌 크기가 100이라면 갓난아이는 25 정도의 크기로 태어나거든. 사람과 가장 가까운 친척인 침팬지는 40 정도로 태어나.

　　대부분의 초식 동물은 갓 태어난 새끼든 어미든 뇌의 크기가 거의 같아. 미완성으로 태어나는 사람과 달리, 초식 동물의 새끼는 거의 완성된 채로 태어나는 거지. 다시 말해, 초식 동물의 새끼는 안전한 어미 배 속에서 거의 다 자란 뒤에 세상에 나오는 거야. 그래서 초식 동물은 태어난 지 1년이면 어미 없이 홀로 살아갈 수 있어.

사람의 아이는 20년 정도 부모의 보살핌을 받잖아? 사람의 아이는 너무 일찍 세상에 나온 셈이지.✚ 몸이 자라야 할 뿐만 아니라, 사람으로 살아가려면 배워야 할 게 무척 많아.

사람의 뇌는 무게가 약 1.3킬로그램이고, 지구에서 가장 큰 동물인 향유고래의 뇌는 9킬로그램이야. 그런데 향유고래의 몸무게는 사람의 650배나 돼. 만일 향유고래가 사람만 하게 줄어든다면, 뇌는 겨우 14그램

✚ 너무 빨리 나왔어!

사람의 임신 기간은 266일인데, 사람과 수명이 비슷한 코끼리는 650일이야. 코끼리 새끼는 엄마 배 속에서 충분히 자란 뒤에 세상에 나오는 거지.

밖에 안 돼. 덩치가 같다면, 사람의 뇌 무게가 향유고래의 100배쯤 되는 셈이지.

사람 몸의 다른 부분과 달리, 머리는 몹시 단단해. 그래서 머리가 너무 크게 자라면 엄마 배 속에서 빠져나오기가 힘들어져. 엄마도 아이도 목숨이 위태로워지는 거야. 이 때문에 **머리가 더 자라기 전에 서둘러 태어나게 된 거지. 사람의 임신 기간은 머리가 결정한 셈이야. 또 아이를 낳아 기르는 방식도 머리가 결정한 거나 마찬가지고.**

동물이 새끼를 키우는 방식은 크게 두 가지로 나눌 수 있어. 하나는 물고기처럼 엄청난 수의 알을 낳곤 알아서 살아가라고 내버려 두는 거야. 수천, 수만 개의 알은 거의 다른 물고기의 밥이 되고 아주 적은 수만 살아남아서 어른이 돼. 악어 같은 파충류는 어미가 알을 지키기도 하지만, 일단 알에서 나온 새끼들은 스스로 먹이를 구해서 살아가야 하지.

동물이 새끼를 키우는 다른 방식은 포유류처럼 적은 수의 새끼를 낳아 어른이 될 때까지 부모가 보살피고 가르치는 거야. 새도 포유류하고 비슷해. 새로 살아가려면 하늘을 나는 기술을 배워야 해.

> **+ 어마어마한 개복치 알**
> 개복치라는 물고기는 한 번에 3억 개쯤 알을 낳아. 만일 개복치 알이 쌀알만 하다면, 시장에서 파는 20킬로그램짜리 쌀로 300가마니나 돼.

무척 어려운 기술이지. 그래서 부모를 잃은 새는 백이면 백 모두 죽고 말아. 새끼 보살피고 가르치랴, 먹이 구하랴, 암컷이나 수컷 혼자 감당하기 어려워서일 거야. 사람처럼 평생 부부로 살아가는 새가 꽤 있어. 새가 왜 평생 부부로 살아가는지 정확한 이유는 아무도 몰라. 하지만 부부가 함께 새끼를 키우면 암컷 홀로 또는 수컷 홀로 키우는 것보다 새끼에게 이로운 건 분명한 사실이야.

방식은 조금씩 달라도 지구의 거의 모든 민족이 결혼을 해. 도시에서 문명인으로 살든, 밀림에서 석기 시대처럼 살든 말이야. 어른이 될 때까지 20여 년 동안 자식을 돌보려면, 부모는 결혼하는 수밖에 달리 방법이 없을 거야. 더구나 엄마는 똥오줌도 못 가리는 아이를 돌보느라 다른 일은 엄두도 못 내는 기간이 무척 기니까.

그런데 요즘 돈벌이 때문에 결혼을 하지 않거나, 결혼을 해도 아이를 낳지 않는 부부가 점점 늘어나고 있어. 아이 낳아 키우는 일을 돈벌이보다 덜 중요하게 여기면 언젠가 사람은 지구에서 사라질 거야. 그러면 돈도 사라지겠지.

조금씩 닮고
조금씩 달라

 지구의 모든 생물에겐 두 가지 공통점이 있어. 하나는, 모든 생물은 부모가 있다는 거야. 다른 하나는, 자식은 부모를 닮는다는 거고.
 자식의 몸은 부모가 물려준 유전자로 만들어진 거니까 당연한 일이겠지. 유전자는 기계로 치면 설계도거든. 자식의 몸을 만드는 유전자의 절반은 엄마의 난자에 있고 나머지 절반은 아빠의 정자에 있어. 그래서 자식 몸의 어느 부분은 엄마를 닮고, 어느 부분은 아빠를 닮아. 눈은 엄마를 닮고, 코는 아빠를 닮고 하는 식으로 말이야.
 하지만 눈이든 코든 부모와 똑같지는 않아. 눈 하나를 만드는 데도 수많은 유전자가 영향을 미치거든. 엄마가 자식에게 물려준 유전자엔 엄마의 엄마(할머니)의 유전자, 엄마의 아빠(할아버지)의 유전자도 섞여 있어. 그래서 손자는 엄마, 아빠의 눈보다 할머니, 할아버지의 눈을 더 많이 닮기도 해.
 그리고 유전자라는 설계도와 똑같이 만들어진 눈은 없어. 크고 작은 실수 때문에 설계도의 눈과 실제 눈은 조금이나마 달라. 그걸 돌연변이라고 해. 유전자에는 책으로 치면 600권이나 되는 많은 정보가 들어 있거든. 그렇게 많은 정보로 몸을 만들다 보니 피치 못하게 실수가 생기는 거야.

실수, 곧 돌연변이가 꼭 나쁜 것만은 아니야. 이를테면 대대로 키가 몹시 작은 집안의 부모가 돌연변이 덕분에 키가 보통인 자식을 낳을 수도 있거든. 이런 식으로 어떤 자식은 부모보다 키가 더 크고, 또 어

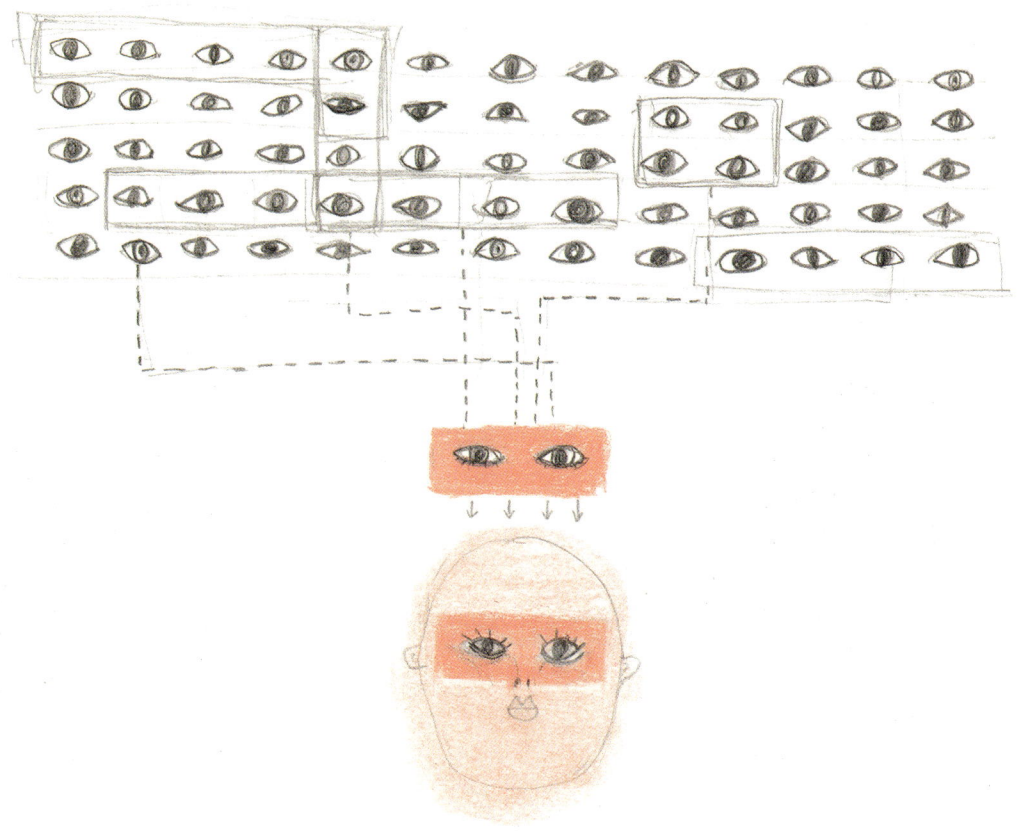

떤 자식은 부모보다 지능이 높아지기도 하고……. 또 오랫동안 대를 이어가며 어떤 후손은 피부가 흰색으로 변하기도 하고, 어떤 후손은 노란색으로 변하기도 하고……. 이렇게 거듭거듭 일어난 돌연변이들이 쌓이고 쌓여 오늘날의 인류를 이룬 거지.

우리 몸엔 100조 개의 세포가 있는데, 세포 하나에 들어 있는 유전자의 길이는 약 2미터야. 모든 세포의 유전자를 꺼내서 붙이면 지구를 500만 번 돌 수 있는 길이가 돼. 1초에 지구를 일곱 바퀴 반 도는 빛의 속력으로 7일 동안 달리는 거리지.

사실 유전자는 그림이라기보다는 글에 가까워. 이를테면 '가', '나', '다', '라' 네 글자로 쓰인 엄청나게 긴 글 말이야. 나가다라·가나라다·다라가나·라나다가…… 이런 식으로 글자의 순서가 정해지듯 눈의 모양이 정해져. 순서가 다르면 눈의 모양도 달라지는 거지.

이처럼 네 개의 글자는 같은데 사람마다 순서만 다른 거라면, 나하고 완전히 똑같은 사람이 태어날 수도 있지 않을까?[+] 머리에서 발끝까지, 안팎으로 속속들이 똑같은 사람 말이야. 하지만 그럴 확률은 아주아주, 너무너무 낮아. 갓난아이가 재미 삼아 키보드를 두드렸는데, 황순원 작가의 〈소나기〉라는 작품과 한 글자도 틀리지 않은 원고가 나오는 것만큼이나 말이야.

"소년은 개울가에서 소녀를 보자 곧 윤 초시네 증손녀 딸이라는 걸 알 수 있었다." 갓난아이가 〈소나기〉 첫 구절의 첫 글자인 '소'의 자음 ㅅ을 칠 확률은, 키보드 자판이 101개이니까 101분의 1이야. '소'의 모음 ㅗ까지 맞출 확률은 101 곱하기 101, 그러니까 10,201분의 1이지. ㄴ, ㅕ, ㄴ까지 바르게 쳐서 '소년'이란 글자를 완성할 확률은 약 10억 분의 1이야. 이쯤 되면 일부 어른들이 좋아하는 로또에 당첨되기보다 1,300배나 어려워. 겨우 글자 두 개를 맞췄을 뿐인데 말이야. 〈소나기〉엔 글자가 8,000개쯤 있어.

그래서 이 세상에 똑같은 사람은 있을 수 없어. 사람은 누구나 세상에서, 아니 우주에서 하나뿐인 유일무이한 존재인 셈이지. 키가 크든 작든, 몸이 날씬하든 뚱뚱하든, 얼굴이 잘났든 못났든 세상에서 하나뿐인 무척 소중한 사람.

➕ 똑같은 사람이 태어날 수 있을까?

나하고 똑같은 사람이 태어나는 일이 완전히 불가능하진 않아. 대신 사람이 아주 많이 태어나야 해. 태양계를 사람으로 가득 메울 만큼 많은 사람이 태어나야 하지. 지구만 한 부피를 사람으로 가득 메우려면 우주에서 빛나는 별만큼 많은 사람이 필요해. 그리고 그런 지구가 100만 개 있어야 태양을 가득 메울 수 있어. 태양 4,000억 개를 한 줄로 늘어놓아야 태양계 끝에서 반대편 끝까지 닿을 수 있다니, 태양계를 가득 메우려면 도대체 얼마나 많은 사람이 필요할까?

박테리아가 없으면 못 살아!

사람 몸속엔 세포 수만큼이나 많은 박테리아가 수천 종 살고 있어. 어른의 몸무게 중에서 1킬로그램은 박테리아 무게야.

어떤 박테리아는 질병을 일으키기도 하지만, 사람이 살아가는 데 꼭 필요한 박테리아도 많아. 사람 몸의 세포와 박테리아가 공생하는 거지.

박테리아는 사람이 태어날 때부터 몸속에서 살기 시작해. 어른은 100조 마리쯤 되는 박테리아를 몸에 지니고 있지.

피부엔 가로세로 1센티미터마다 500만 마리의 박테리아가 살고 있어. 박테리아는 피부에서 분비되는 지방과 땀을 먹고 사는데, 공짜로 먹고 사는 건 아니야. 피부의 박테리아들은 대부분 아무런 해도 끼치지 않을뿐더러 해로운 박테리아가 나타나면 물리치기도 해.

우리 몸의 큰창자(대장)엔 500종의 박테리아가 득실거려. 이 박테리아들을 통틀어서 대장균이라고 해. 대장균은 음식을 소화시키는 데 도움을 주고 사람의 몸에서 만들지 못하는 비타민을 대신 만들어 주기도 해. 면역력을 키우는 데에도 도움을 주지.

사람의 몸은 세포와 박테리아의 연합군이라 할 수 있어. 사람의 눈에는 빛을 느끼는 옵신이란 분자가 있어. 여러 생물을 연구해 보니 인간에게 옵신을 준 게 바로 박테리아일 수도 있다는 사실을 알게 됐어. 수십억 년 전 박테리아의 몸 일부가 돌연변이를 일으켜 생물의 눈으로 바뀌었다는 거지.

염색체
염색체 안에는 박테리아의 유전자가 들어 있어.

돌연변이

정상적인 복제

박테리아의 세포

박테리아 같은 단세포 생물은 똑같은 모양의 세포를 만들어서 둘로 갈라지며 번식해. 하지만 늘 크고 작은 실수가 따르기 때문에 자기와 완전히 똑같은 세포를 만들진 못하는데, 옵신은 그런 실수가 거듭되어 나타난 거야.

살아간다는 건 누군가에게 신세 지는 일이야.
동물은 몸 안에서 포도당을 만들지 못하기 때문에
반드시 식물에게 신세를 져야 해.
조그만 생쥐든 집채만 한 코끼리든, 지구에서 살아가는
모든 생물은 식물이 만든 포도당을 에너지로 사용하니까.
햇볕을 포도당으로 바꾸는, 세상에서 가장 흔하지만
무척 놀라운 이 재주 덕분에 생태계가 있는 거야.
풀은 햇빛을 먹고, 소는 풀을 먹고, 사람은 소고기를 먹는 거지.

신세 지며
살아가는 '몸'

사람 같은 생물과 바위 같은 무생물의 차이는 무엇일까? 여러 가지가 있겠지만 아주 중요한, 어쩌면 가장 중요할지도 모를 차이가 하나 있어. 천년만년이 흘러도 바위의 몸을 이루는 물질은 거의 달라지지 않지만, 생물의 몸을 이루는 물질은 끝없이 바뀐다는 거야.

생물은 낡은 세포를 버리고 새 세포로 자기 몸을 채워 가야 해. 사람은 누구나 언젠간 죽듯, 사람 몸을 이루는 세포도 정해진 수명이 있거든. 사람의 몸을 이루는 세포는 짧게는 며칠, 길어도 몇 년이면 모두 새것으로 바뀌어. 세포를 이루는 분자도 끝없이 바뀌기 때문에 지금 우리 몸에서 태어날 때 그대로인 건 하나도 없어.

그래서 생물은 반드시 음식을 먹어야 살 수 있어. 낡은 세포를 대신할 새 세포를 꾸준히 만들어야 하니까. 바위는 가만히 있어도 제 모습을 유지하지만, 사람 같은 생물은 부지런히 음식을 구해서 먹지 않으면 몸을 유지할 수 없어.

식물은 태양 에너지를 포도당으로 바꾸어 몸 안에 저장하는 재주가 있어. 그 재주를 '광합성'이라고 하는데, 이 재주 덕분에 과일을 씹을 때 단맛을 내는 포도당이 만들어지는 거야. 포도당은 녹말과 설탕의 원료일 뿐만 아니라 식물의 몸을 이루는 섬유소의 원료이기도 해.

동물은 몸 안에서 포도당을 만들지 못하기 때문에 반드시 식물에게 신세를 져야 해. 조그만 생쥐든 집채만 한 코끼리든, 지구에서 살아가는 모든 생물은 식물이 만든 포도당을 에너지로 사용하니까. 햇볕을 포도당으로 바꾸는, 세상에서 가장 흔하지만 무척 놀라운 이 재주 덕분에 생태계가 있는 거야.

풀은 햇빛을 먹고, 소는 풀을 먹고, 사람은 소고기를 먹는 거지. 모든 에너지는 식물이 만든 것이고, 더 멀리 보면 태양에서 얻은 거야. 결국 지구의 모든 생물은 태양 덕분에 살아가는 셈이지.

살아간다는 건 누군가에게 신세 지는 일이고 때론 누

군가를 못살게 구는 일이기도 해. 우리 주식은 쌀인데, 쌀을 키우는 논은 원래 다양한 식물과 동물이 살던 자리야. 그 자리에서 살던 식물과 동물을 밀어내고 벼만 자라게 만든 게 바로 논이지.

학교 운동장 서너 개 넓이쯤 되는 풀밭이 있어야 영양 한 마리가 먹고 살 수 있어.✚ 그리고 그런 풀밭이 몇백 개는 있어야 사자 한 마리가 그 풀밭의 영양들을 잡아먹으며 살아갈 수 있지.

이처럼 육식 동물 한 마리가 살아가려면 무척 넓은 땅과 많은 초식 동물이 필요해. 사람 백 명이 평생 먹고살 수 있는 쌀을 거둬들일 만큼 넓은 땅이 있어야 겨우 소 한 마리를 키울 수 있어. 미국에서 고기를 얻으려고 가축에게 먹이는 곡식은 무려 사람 14억 명이 먹고살 수 있는 양이야. 68억 인류 중 10억 명은 기아 상태인데 말이야.

먹는 것뿐만 아니라 우리가 돈 주고 사서 쓰고 버리는 모든 것들은 나무를 베고 풀을 밀고 땅을 파헤쳐서 얻어. 요즘처럼 너도나도 더 잘 먹으려고, 더 잘살려고 애쓰다 보면 언젠가 세상엔 아무것도 남지 않을 거야. 지구는 무한하지 않으니까.

✚ **사람은 평생 얼마만큼의 쌀을 먹을까?**
한 사람은 평생 75가마니 정도의 쌀을 먹어. 학교운동장만 한 논에서 한 해 농사를 지으면 쌀 75가마니를 거둬들일 수 있지.

물에서 태어났어!

물이 액체라는 건, 지구 생물에겐 기적이기도 하고 축복이기도 해. 물은 참 신비로운 물질이야. 물보다 훨씬 무거운 산소나 이산화탄소는 기체거든. 만일 물이 기체였다면 지금 지구는 화성처럼 황무지일지도 몰라. 생물이 태어나지 못했을 테니까. 지구 최초의 생명이 물에서 태어났을 뿐만 아니라, 물이 없으면 어떤 생물도 살지 못하거든.

물은 지구를 바다와 숲으로 뒤덮어 아름답고 푸른 행성으로 만든 은인이기도 하고, 모든 생명에게 포도당을 제공하는 식물 광합성의 원료이기도 해.

또한 물은 생물의 몸속에서 수많은 화학 반응에 참여해. 생물에 꼭 필요한 영양소는 대부분 물에 녹는데, 피의 90퍼센트 이상은 물이야. 그래서 피가 세포에 필요한 산소와 영양소를 우리 몸 구석구석까지 전달할 수 있는 거지.

물이 액체라는 거 말고도 또 다른 기적이 있어. 그건 액체인 물보다

고체인 얼음이 더 가볍다는 거야. 대부분의 물질은 액체일 때보다 고체일 때 더 무겁거든. 물은 그 반대라서 얼음이 물에 뜨는 거야.

겨울이면 강물 표면이 얼잖아? 한겨울에 물 표면이 얼면 찬 공기가 물속으로 들어오지 못하게 얼음이 막아 줘. 그래서 물속 생물들이 겨울을 나는 거야.

지구엔 가끔 빙하기가 찾아와. 만일 얼음이 물보다 무거워서 물속으로 가라앉았다면, 빙하기 때 지구를 뒤덮은 얼음이 강과 호수와 바다의 생물들을 모두 꽁꽁 얼려 버렸을 거야.

우리 몸무게의 70퍼센트는 바로 몸속에 들어 있는 물의 무게야. 사람은 음식을 전혀 먹지 않아도 3주는 버티지만 물 없이는 3일밖에 버티지 못해. 그러고 보면, 사람이 살아 있다는 말은 사람 몸으로 물이 드나든다는 뜻이기도 하지.✚

다른 생물도 마찬가지야. 햇볕 없이 사는 생물도 있고 산소 없이 사는 생물도 있지만, 물 없이 사는 생물은 아직 발견하지 못했어. 물과 생명이 얼마나 깊고 가까운 관계를 맺고 있는지 짐작할 수 있을 거야.

그런데 요즘 '물' 하면, '오염'이나 '물 부족'처럼 걱정스런 말이 떠오르지 않아? 우주에서 보면, 표면의 70퍼센트가 물로 덮여 있어서 지구는 푸른 행성으로 보여. 이렇게 물이 많은데도 여기저기서 물이 부족하다고 아우성인 이유는 뭘까?

지구 물의 94퍼센트는 짠물이고 민물은 6퍼센트뿐이기 때문이야. 그나마 민물의 대부분은 지하수 또는 빙하야. 냇물, 강물, 호수처럼 쉽게 이용할 수 있는 물은 겨우 0.3퍼센트뿐이지. 바꿔 말하면, 지구의 물이 모두 1리터라면 쉽게 이용할 수 있는 물은 겨우 여섯 방울뿐이란 거야. 물은 참 흔하고도 귀한 거지?

또 다른 이유는 인구 증가 속도보다 물 소비 증가 속도가 두 배나 빨라졌기 때문이기도 해. 요즘 사람들이 물을 두 배 더 마신다는 뜻은 아니야. 우리가 두 배는 더 많이 쓰고 두 배는 더 편히 지낸다는 뜻이지. 자동차나 전자 제품을 만드는 데도 농사 못지않게 많은 물이 필요하거든. 고기를 너무 먹는 것도 큰 문제야. 밀 1킬로그램을 수확하는 데 필요한 물의 다섯 배가 있어야 소고기 1킬로그램을 얻을 수 있거든.

➕ 몸속을 드나드는 물

하루에 우리 몸을 드나드는 물은 약 1.2리터야. 마시는 물이 0.75리터, 음식에 포함된 물이 0.3리터야. 우리가 먹는 야채와 과일의 95퍼센트, 달걀의 90퍼센트, 고기의 60~70퍼센트는 물이거든. 또 몸속에서 영양소를 분해해서 에너지를 얻는 과정, 곧 신진대사에서 만들어지는 물이 0.15리터쯤 되니까 모두 1.2리터란 거야. 몸속으로 들어오는 만큼 밖으로 나가는 물도 있겠지? 땀 0.1리터, 똥으로 0.1리터, 피부에서 증발하는 물이 0.2리터, 날숨으로 나오는 물이 0.2리터, 오줌으로 나가는 물은 0.6리터쯤 돼.

단세포 생물이 산소를 만든다고?

우리는 31억 년 전에 나타난, 광합성으로 산소를 만드는 단세포 생물 덕분에 숨을 쉬는 거라고 해. 덩치가 큰 고등 생명체가 탄생하는 데는 산소가 큰 역할을 했어. 우리 몸을 이루는 콜라겐을 합성하려면 산소가 많이 필요한데, 10억 년 전부터 산소의 양이 갑자기 늘었거든. 그때부터 큰 몸을 가진 생물이 나타나기 시작한 거야.

산소는 수소와 헬륨 다음으로 흔한 물질이고 공기 부피의 21퍼센트를 차지해. 그리고 산소는 차가운 물에 잘 녹아. 그래서 따뜻한 바다보다는 차가운 극지방의 바다에 더 많은 생물이 살지.

다양하고 많은 식물이 사는 열대 우림 지역은 산소를 많이 만들어 낸다고 해서 '지구의 허파'라고 하잖아? 사실 지구 산소의 80퍼센트는 바다에서 나오고 그중에서 70퍼센트는 '남조류'라는 단세포 생물의 광합성으로 생겨나.

이렇게 고마운 남조류이지만 강이나 호수에서 남조류가 지나치게 성장하면 물이 녹색으로 변하고 악취가 나. 호수나 강이 녹색으로 변하는 일은 종종 있어 왔지만, 해가 갈수록 잦아지고 심해진다는 게 문제야. 기온 상승과 남조류의 먹이가 되는 오염 물질이 늘어난 탓이지.

사람은 하루에 3~4킬로그램 정도의 산소가 필요해. 산소가 포함된 공기를 몇 분만 들이쉬지 못해도 우리 뇌는 견디지 못해. 4~6분 동안 산소가 끊어지면 뇌세포가 죽기 시작해. 뒤늦게 다시 산소를 공급한다 해도, 한 번 죽은 뇌세포는 되살릴 수 없어. 그럼 소중한 추억을 잃기도 하고, 부모 형제를 못 알아보기도 하고, 심지어 자기가 누구인지 잊기도 해. 말하자면, 다른 사람이 되는 거야.

광합성으로 생기는 산소

태양 에너지로 포도당을 만드는 일, 곧 태양 에너지를 붙잡아 쌀 같은 식물의 몸속에 저장하는 일을 광합성이라고 해. 그래서 쌀로 지은 밥을 먹어서 힘을 내는 일은 결국 태양 에너지로 힘을 내는 거나 마찬가지지. 광합성은 꽤 복잡한 과정을 거쳐. 그 첫 단계는 태양 에너지로 물을 분해하여 산소와 수소로 나누는 일인데, 우리는 이때 만들어진 산소로 숨을 쉬는 거야.

내가 엄마 아빠의 자식으로 태어난 일은 대단한 기적이야.
엄마가 평생 만든 400개 난자 중 하나와
아빠가 평생 만든 12조 개 정자 중 하나가 우연히 만나,
이 세상에서 하나뿐인 내가 태어난 거야.
확률로 보면 400 곱하기 12조니까,
약 5,000조 분의 1이라는 어마어마한 기적으로 태어난 거지.
그리고 그 기적은 누구에게나 딱 한 번뿐이야.

몸은 어디에서 왔을까? ③

미토콘드리아의 탄생

한 개에서 100조 개로

 엄마가 만든 난자와 아빠가 만든 정자가 만나면 수정란이란 세포가 되는데, 수정란이 엄마 자궁에서 자리 잡는 걸 임신이라고 해.

 사람의 몸은 이 수정란이라는 단 하나의 세포에서 출발하는 거야. 수정란 한 개가 나뉘어 두 개로, 두 개가 다시 나뉘어 네 개로……. 그렇게 엿새쯤 지나면 하나의 수정란은 64~128개의 세포를 담은 배반포가 돼. 배반포에 담긴 세포들이 바로 배아줄기세포야.

 배아줄기세포는 220가지가 넘는 다양한 세포로 자라나 몸의 여러 기관을 이루게 돼. 어떤 배아줄기세포는 뼈가 되고, 어떤 배아줄기세포는 피가 되고, 어떤 배아줄기세포는 뇌세포가 되고 또 심장이 되고 하는 거야.✚ 하나의 수정란은 이런 과정을 거쳐 100조 개의 세포로 이루어진 몸으로 자라나.

 100조 개! 사람의 몸을 이루는 세포 100,000,000,000,000개는 대단히 큰 수

> **✚ 심장이 가장 먼저 생겨!**
> 우리 몸에서 가장 먼저 생기는 기관은 심장이야. 임신 4주 만에 심장이 뛰기 시작하는데, 요즘 평균 수명인 80세까지 산다면 28억 번이나 뛰게 돼.

야. 현미경으로나 보이는 작은 세포들은 그보다 훨씬 작은 분자들로 이루어져. 우리 몸엔 1뒤에 0이 28개나 붙은 수만큼의 분자가 있어. 1뒤에 0이 28개나 붙은 수는 워낙 크다 보니 재미있고 신기한 사실을 품고 있어.

우리 몸을 이루는 분자 중엔 태양계가 생겨나기 전부터 우주를 떠돌아다닌 것들이 수두룩해. 우유 한 팩 속엔 엄청나게 많은 분자가 들어 있는데, 전 세계 바다와 호수와 강에 우유를 골고루 뿌리고 나서 물 한 컵을 뜨면 원래 우유 팩에 들어 있던 물 분자 100개를 발견할 수 있어. 이 세상 모든 우유 팩에는 십자가에 매달린 예수의 몸을 이루던 물 분자가 2만 5,000개씩 들어 있어. 우리 몸속엔 한때 석가모니의 몸을 이루던 분자가 800만 개씩 들어 있고, 또 그동안 지구에서 살다 간 모든 사람의 몸을 이루던 분자가 수백에서 수천 개씩 들어 있지.

이러한 세포들은 저마다 정해진 수명이 있어. 세포는 수명에 따라 크게 두 종류로 나뉘어. 피부 세포처럼 늙은 세포가 떨어져 나가면서 새 세포로 바뀌는 것이 있고, 신경 세포처럼 한 번 태어나면 평생 제자리를 지키는 것이 있어.

세포의 수명은 가지각색이야. 백혈구는 13일, 적혈구는 120일, 간세포는 57주, 신경 세포는 100년 넘

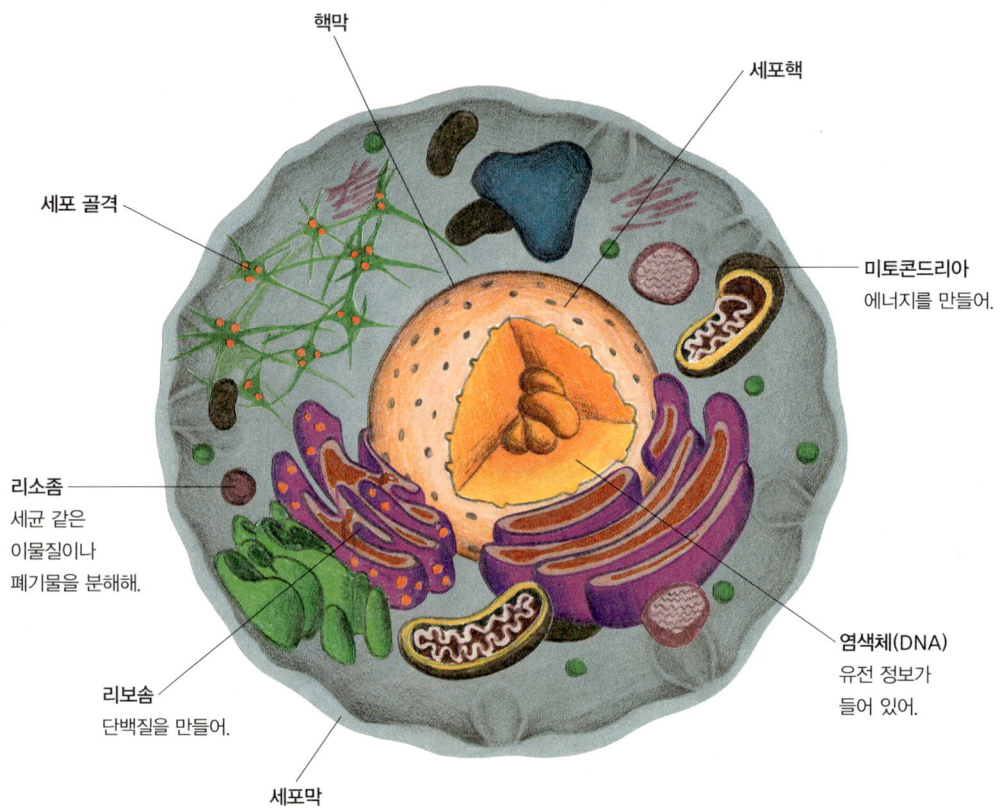

세포는 스스로 생명을 유지해

세포는 외부에서 영양분을 흡수하고 폐기물을 외부로 배출하며 스스로 생명을 유지하는 작은 우주야. 우리 몸은 세포 하나하나한테 외부인 셈이야. 뇌세포들은 뇌 속에서 그저 자신들의 생명을 유지하려고 애쓸 뿐이지만 생각과 기억을 가능하게 하고, 간세포들은 간 속에서 단지 살아가려고 애쓸 뿐이지만, 그런 활동이 소화 효소를 만들고 독소를 분해하는 거지. 이것이 바로 생명의 신비야.

게 살 수 있어.✚

보통 25세부터는 죽어 없어지는 세포보다 새로 만들어지는 세포가 적어져. 새로운 세포를 만들어 내는 횟수가 이미 정해져 있거든.

> ✚ **새로운 세포가 태어나**
> 사람의 몸에선 1초마다 5만 개의 세포가 새것으로 교체돼. 늙은 세포를 새 세포로 바꾸면서 우리 몸은 80년 동안 12,000조 개의 세포를 만들어. 무려 120명의 세포를 만드는 셈이야.

몸이 새로운 세포를 만들어 내지 못하면 피부는 쭈글쭈글해지고, 근육은 줄어들어 힘이 약해지고, 심장과 간장(간과 창자) 같은 장기도 점점 힘겨워하게 돼. 늙어 가는 거야. 그러다 더 이상 새로운 세포를 만들어 내지 못하면 죽음을 맞이해.

새로운 세포를 만들어 내는 횟수는 유전자에 정해져 있어. 그러니까 노화와 죽음은 유전자의 거역할 수 없는 명령인 셈이지. 부모에게 물려받은 유전자, 그러니까 우리에게 생명을 준 유전자가 마침내는 우리에게 죽음도 주는 거야.

옛날, 옛날, 까마득히 먼 옛날에

100조 개의 세포로 이루어진 사람과 달리 박테리아는 단 하나의 세포로 된 생물이야. 세포가 하나라서 '단세포 생물'이라고도 하고, 크기가 너무 작아서 눈으론 보지 못한다는 뜻으로 '미생물'이라고도 해.

진화를 연구하는 학자들은 물고기나 사람처럼 수많은 세포로 이루어진 '다세포 생물', 곧 몸을 지닌 생물이 6억 년 전에 처음 나타났다고 해.✚ 단세포 생물끼리 뭉쳐서 다세포 생물이 됐다고 하는데, 덩치 큰 다세포 생물의 가장 큰 이점은 덩치가 커서 천적에게 잡아먹히지 않는다는 거야.

그런데 몸을 이루는 세포들이 따로따로 떨어져 나가면 곤란하겠지? 그래서 모든 다세포 생물들에게는 세포와 세포 사이를 메우고, 세포와 세포를 연결하는 물질이 있어. 그런 물질을 '콜라겐'이라고 해. 6억 년 전, 단

> **✚ 몸에서 가장 큰 세포는?**
> 220가지 다양한 세포 중에서 난자의 몸집이 가장 커. 난자는 사람 세포 중에서 맨눈으로 볼 수 있는 유일한 세포야. 그래 봤자 몸길이가 0.15밀리미터밖에 안 되긴 하지만 말이야. 맨눈으로 볼 수 있는 가장 작은 크기가 0.1밀리미터쯤 되니까, 간신히 보이는 셈이지.

세포 생물들이 콜라겐 분자를 만들어 내기 시작하면서 서로 뭉쳐 다세포 생물이 됐다는 거지.

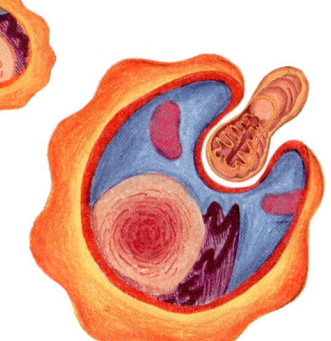

최초의 거대 세포

미토콘드리아가 거대 세포 속에 정착(공생)하는 모습

　지구에서 첫 생명체가 나타난 때는 35억 년 전이야. 그로부터 20억 년 동안 지구 생태계의 주인은 박테리아 같은 단세포 생물이었어. 그런데 15억 년 전 지구의 풍경을 완전히 달라지게 만든 사건이 벌어졌어. 한 박테리아가 우연히 다른 박테리아의 몸속으로 들어가 공생(서로에게 이익을 주며 함께 사는 것)을 시작한 거야. 그 박테리아가 바로 미토콘드리아의 조상이야.

　미토콘드리아는 세포 속에서 영양소를 산소로 태워 에너지를 만들어 내. 미토콘드리아가 없는 박테리아는 세포들끼리 뭉쳐서 큰 몸을 만들 수 없어. 하지만 미토콘드리아를 가진 세포는 에너지를 내부에서 만드니까 세포들끼리 뭉쳐서 몸을 만들 수 있는 거지. 미토콘드리아의 탄생과 더불어 지구엔 비로소 동물과 식물처럼 몸을 가진 다세포 생물이 나타나게 된 거야.

　진화의 역사를 영화처럼 다시 한 번 돌려 보아도 미토콘드리아가

나타날까? 대부분의 과학자들은 아니라고 해. 지구는 동물도 식물도 사람도 없는 단세포 생물의 행성이 되어야 마땅하다는 거야. 미토콘드리아의 탄생은 우연이 낳은 천지개벽의 시작인 셈이지.

세포들이 그저 포도송이처럼 뭉친다고 해서 몸이 되는 건 아니겠지? 세포들끼리 서로 정보를 교환할 수 있어야 해. 호랑이가 나타나면 사슴의 뇌세포는 발의 근육 세포에 신호를 보내. 어서 뛰라고 말이야.

세포들끼리 정보를 교환하는 데는 전기와 화학 물질이 이용돼. 몸엔 수많은 화학 물질이 있어. 어떤 화학 물질은 사람의 기분을 바꾸기도 하고, 어떤 화학 물질은 위기를 맞았을 때 근육이 평소보다 몇 배의 힘을 내게 하기도 해.

커다란 몸을 유지하려면 비싼 대가를 치러야 해. 커다란 몸은 같은 수의 단세포보다 훨씬 많은 에너지를 쓰고, 몸을 이루는 콜라겐을 합성하려고 산소도 많이 쓰거든.

25억 년 전부터 서서히 늘어나던 산소는 6억 년 전에 이르러 다세포 생물이 살아가는 데 필요한 농도인 20퍼센트의 문턱을 넘어서게 돼. 미토콘드리아 에너지 공장에 넉넉한 산소를 보내 줄 수 있는 농도야. 바로 그때 다세포 생물, 곧 최초의 몸이 태어난 거지.

산소는 우리에게 몸을 주었지만 몸에 해로운 독이 되기도 해. 화학 공장에서 해로운 오염 물질이 나오듯, 우리 몸의 에너지 공장인 미토콘드리아에서 해로운 산소가 만들어져. 해로운 산소가 우리 몸을 이루는 분자를 공격해서 망가뜨리면 피부가 상하고 위나 간 같은 장기의 기능이 약해지거나 암에 걸리기도 해.

사람으로 태어나는 기적

시간을 거꾸로 돌려 태초로 돌아간다면 지구에 또다시 인간이 나타날 수 있을까? 대부분의 과학자들은 고개를 가로저을 거야. 인간이 나타날 확률은 0에 가까울 만큼 적다고 해. 지구에 인간이 나타난 사건은, 회오리바람이 고물상을 휘저었더니 자동차가 조립된 것만큼이나 아주 큰 기적이라는 거야.

내가 엄마 아빠의 자식으로 태어난 일도 혀를 내두를 만한 기적이야. 엄마가 평생 만든 400개 난자 중 하나와 아빠가 평생 만든 12조 개 정자 중 하나가 우연히 만나, 이 세상에서 하나뿐인 내가 태어난 거야. 확률로 보면 400 곱하기 12조니까, 약 5,000조 분의 1이라는 아뜩한 기적이지.

5,000조가 얼마나 큰 수인지 한번 따져 볼까?

은행에 가면 1초마다 20장씩 돈을 세는 기계가 있어. 내가 태어난 순간부터 이 기계는 만 원짜리를 세기 시작한다고 해 봐. 내가 잠을 자는 25년 동안에도, 공부하고 일하는 25년 동안에도, 텔레비전을 보는 10년 동안에도, 음식을 먹는 5년 동안에도, 기계는 쉬지 않고 돈을 세지. 사람의 수명이 80년쯤이라고 치면, 이 기계가 평생 센 돈은 500조 원쯤 돼. 그러니 5,000조 원은 얼마나 어마어마한 돈이겠어?

나는 5,000조 분의 1의 어마어마한 기적으로 태어난 거야. 그리고 그 기적은 누구에게나 딱 한 번뿐이지. 그런데 나처럼 사람으로 태어나지 못한 수많은 난자들과 정자들은 불행하게 죽어 간 생명일까? 아니면 생명으로 볼 수 없는 걸까?

　또 배아줄기세포는 어떨까? 배아줄기세포 연구가 생명을 구하는 일이라고 믿는 사람도 있고, 생명을 죽이는 일이라고 믿는 사람도 있으니 말이야. 생명인 것과 생명이 아닌 것을 나누고 가르는 일은 참 어렵고, 어쩌면 사람이 판단할 수 없는 일인지도 몰라.

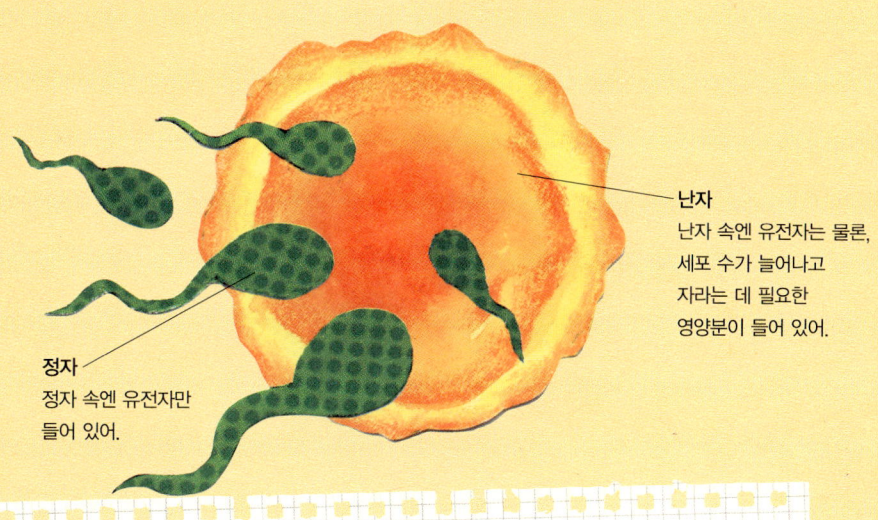

난자
난자 속엔 유전자는 물론, 세포 수가 늘어나고 자라는 데 필요한 영양분이 들어 있어.

정자
정자 속엔 유전자만 들어 있어.

난자와 정자

자식 만드는 일은 농사에 빗대어 이야기할 수 있어. 아빠는 씨앗의 절반을 대는데, 사실 그게 다야. 씨앗의 나머지 절반과 땅과 비료는 엄마가 대는 것이고, 김매기와 추수조차 엄마가 하는 거지.

뼈는 몸의 모양을 잡아 주고 뇌, 심장, 폐, 간 같은
중요한 기관을 보호해. 또 우리 몸을 움직이는 근육은
모두 뼈에 붙어 있어. 근육이 힘을 쓸 수 있도록
지탱해 주는 뼈는 우리 몸의 움직이는 기둥인 셈이야.
사람 몸무게의 약 40퍼센트는 근육 무게인데,
우리는 근육의 힘으로 움직이는 거야. 피부는 몸을 보호하는
역할을 해. 박테리아, 태양의 자외선 등 해로운 것들이
몸속으로 들어오지 못하게 하고 체온을 조절해.

사람처럼 생긴 몸 ④

뼈,
움직이는 기둥

사람의 얼굴엔 14개의 뼈가 있어. 갈비뼈는 24개, 척추뼈는 33개, 왼쪽 손엔 27개, 오른쪽 다리에 26개…… 모두 합쳐 206개야.

33개의 척추뼈 중에서 목뼈는 7개인데, 잘 알려진 것처럼 기린의 목뼈도 사람과 같은 7개야. 귀와 코끝엔 뼈가 없고 연골만 있어서 유연하게 구부러져. 사람이 죽고 나면 연골이 뼈보다 빨리 썩기 때문에, 해골엔 코와 귀가 없는 거야.

뼈의 무게는 몸무게의 20퍼센트쯤 돼. 뼈의 안쪽엔 공간이 있는데, 부드러운 골수로 채워져 있어. 대부분의 피는 골수에서 만들어져. 피가 만들어지는 곳은 나이에 따라 달라. 엄마 배 속의 아이는 간과 지라에서 피를 만들어. 또 어린 시절엔 다리뼈에서도 피를 만들지만 20세가 넘으면 척추, 골반, 가슴 등 몸통의 뼈에서만 피를 만들지.

뼈는 몸의 모양을 잡아 주고 뇌, 심

➕ 갓난아이의 뼈가 더 많아

갓난아이의 뼈는 350개쯤 되는데, 자라면서 뼈끼리 서로 붙기도 하고 퇴화하기도 하면서 어른이 되면 206개가 돼.

장, 폐, 간 같은 중요한 기관을 보호해. 그러려면 꽤 튼튼해야겠지? 다행히도 뼈는 콘크리트보다 네 배나 강하면서도 비행기 몸체로 쓰이는 탄소 섬유보다 가벼워.✚

> ✚ **사람의 몸이 유연한 까닭**
> 튼튼한 뼈로 이루어졌어도 사람의 몸은 제법 유연해. 뼈들은 유연하게 구부러지는 관절로 이어져 있고, 33개의 척추뼈 사이사이에 쿠션이 있기 때문이야. 척추뼈 사이의 쿠션은 각각 1~2도씩 휘어질 수 있어서 사람의 몸은 30~50도까지 휠 수 있어.

일어서고, 걷고, 뛰고……. 우리 몸을 움직이는 근육은 모두 뼈에 붙어 있어. 뒤꿈치의 아킬레스건 같은 힘줄이 근육과 뼈를 연결해 줘. 근육이 힘을 쓸 수 있도록 지탱해 주는 뼈는 우리 몸의 움직이는 기둥인 셈이야.

'귀엽다.', '잘생겼다.' 하는 얼굴 생김새도 주로 머리뼈의 모양이 결정하는 거야. 얼굴에 살이 붙거나 살이 빠져서 생김새가 달라지는 건 그 다음 문제지. 몸의 기둥인 뼈가 길면 키가 크고, 몸집이 큰 사람은 뼈대도 커. 키가 자란다는 건 뼈의 길이가 길어진다는 뜻이고, 때가 되면 성장 호르몬이 분비되어 뼈가 자라도록 하는데, 스트레스를 받거나 잠, 영양, 운동이 부족한 어린이는 성장 호르몬이 제대로 분비되지 않아.

30대는, 힘은 20대 때보다 약해지지만 뼈는 가장 단단한 시기야. 35세 남성 대퇴골(허벅지 뼈)을 책상 사이에 걸쳐 두고 그 위에 사람

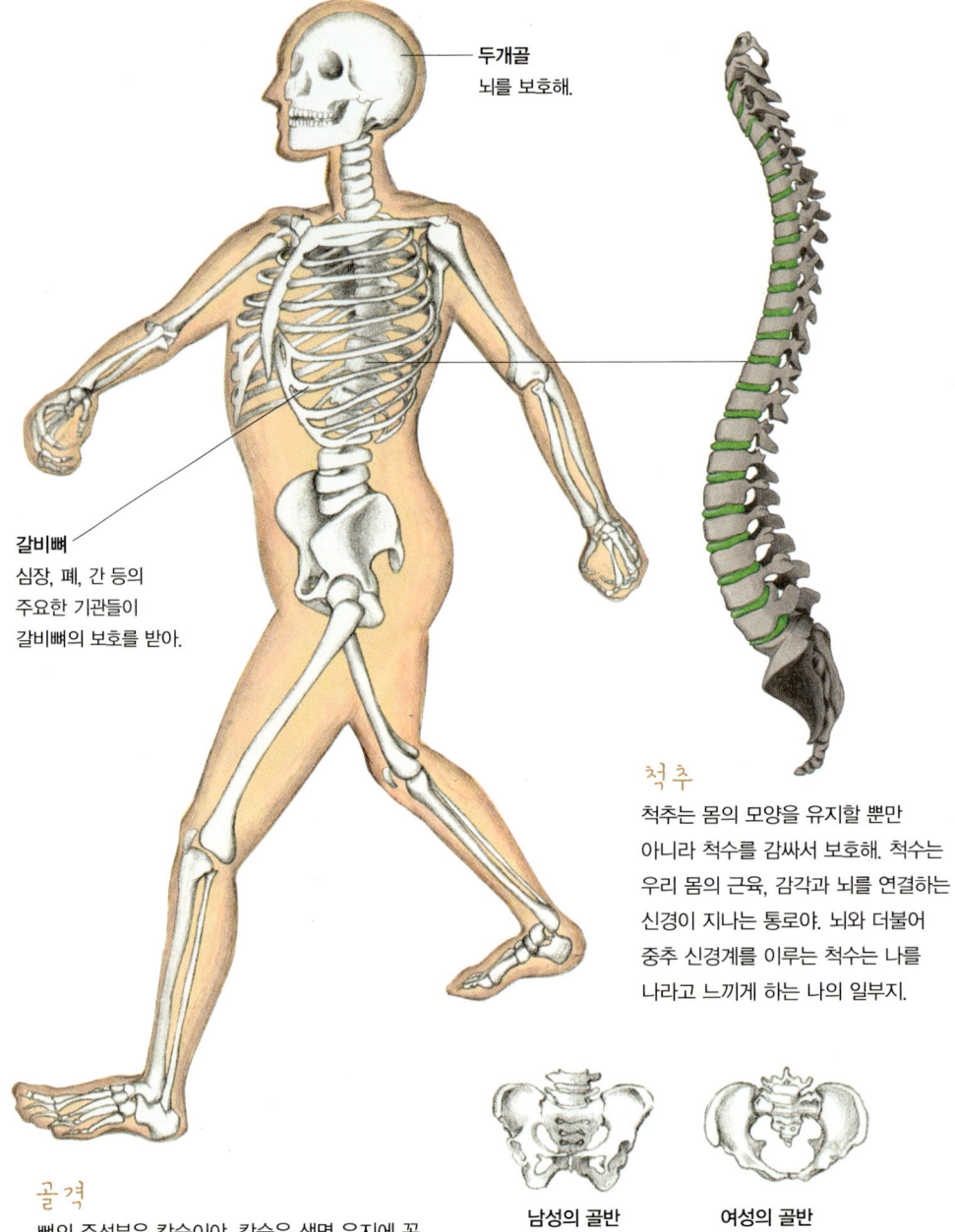

두개골
뇌를 보호해.

갈비뼈
심장, 폐, 간 등의 주요한 기관들이 갈비뼈의 보호를 받아.

척추
척추는 몸의 모양을 유지할 뿐만 아니라 척수를 감싸서 보호해. 척수는 우리 몸의 근육, 감각과 뇌를 연결하는 신경이 지나는 통로야. 뇌와 더불어 중추 신경계를 이루는 척수는 나를 나라고 느끼게 하는 나의 일부지.

골격
뼈의 주성분은 칼슘이야. 칼슘은 생명 유지에 꼭 필요한 물질이기 때문에 음식으로 섭취한 칼슘이 부족하면 뼈에서 칼슘을 꺼내 써. 그러면 뼈가 약해지겠지?

남성의 골반

여성의 골반
골반 가운데 공간이 남성보다 커서, 출산할 때 아이가 쉽게 빠져나올 수 있어.

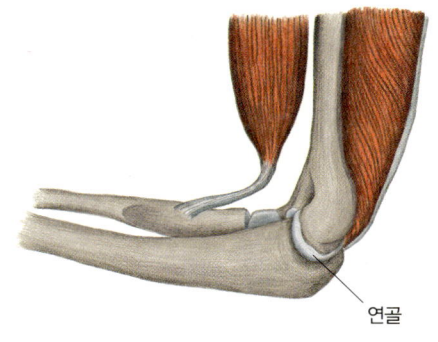

관절

관절의 연골은 쓰는 만큼 닳는 부위라서 나이가 들면 누구나 많든 적든 고생을 해. 지난 1세기 동안 평균 수명이 두 배 넘게 늘었는데, 그만큼 관절 때문에 고생하는 사람도 늘었고 관절을 치료해 주며 먹고사는 의사도 늘었어. 사실 종합 병원마다 암 치료 전문 병원이 우후죽순으로 들어서는 가장 큰 이유도 수명이 늘어났기 때문이지.

연골

21명이 올라서도 끄떡없어.

하지만 35세가 지나면 뼈도 약해지기 시작해. 나이가 들면 뼈의 길이가 줄어들고 크기도 작아져. 그래서 키가 점점 줄어들고 몸집도 서서히 작아지지. 70대가 되면 키가 3~5센티미터가량 작아지는데, 부유한 노인보다 가난한 노인의 키가 좀 더 작아지는 경우가 많다고 해. 여러 가지 이유가 있지만 평생 먹은 음식의 영향이 크지. 가난한 사람들은 값비싼 고기 대신 주로 값싼 햄이나 소시지, 음료수를 사 먹거든. 햄, 소시지와 음료수를 만들어 팔아 부유해진 사람들은 값비싼 고기와 과일 주스를 먹고.

그런데 식품 회사들이 햄, 소시지나 음료수를 만들 때 집어넣는 인산염은 칼슘 흡수를 방해해. 인산염 때문에 뼈의 원료인 칼슘이 모자라 뼈에 구멍이 숭숭 나. 이걸 골다공증이라고 하지.

근육이 있어서
동물이야

　동물(動物)의 동(動)은 움직인다는 뜻이야. 동물은 대부분 근육으로 움직여. 우리 뇌는 모두 640개의 근육을 조종해서 몸을 움직이게 해. 근육은 크게 두 가지로 나눌 수 있어.

　첫째, 팔다리나 손발, 가슴, 배 등의 피부 바로 밑에 있으면서 뼈에 붙어 있는 근육을 골격근이라고 해. 근육과 뼈를 연결하는 게 힘줄인데, 가장 강한 힘줄은 발뒤꿈치의 아킬레스건이야. 아킬레스건은 몸무게의 10배까지 지탱할 수 있어.

　우리가 흔히 살이라고 부르는 근육이 바로 이런 골격근이야. 뇌의 4분의 3을 차지하는 대뇌는 사람의 생각, 말, 기억, 감각, 감정, 운동 등을 맡은, 그야말로 뇌의 중심이지. 골격근은 나(대뇌)의 지시대로 몸을 움직이는데, 내 마음대로 움직일 수 있다고 하여 '맘대로근'이라고 해.

　둘째, 심장, 위장, 소장 같은 내장을 움직이는 내장 근육이 있어. 내장 근육은 내 마음대로 움직이지 못해. 내가 잠든 사이에 심장도 잠들면 큰일이잖아? 내장 근육은 나(대뇌)의 지시를 따르는 게 아니라 자율 신경계가 스스로 알아서 조정한다고 해서 '제대로근'이라고 해.

이처럼 우리 몸이 스스로 내장 기관을 조절하는 장치를 자율 신경계라고 해. 자율 신경계 덕분에 우리가 따로 신경 쓰지 않아도 심장이 뛰고, 숨을 쉬고, 잠을 자면서도 음식을 소화시킬 수 있는 거야.✚

운동을 하면 근육이 커지는데, 근육 세포 수가 늘어나는 게 아니라 근육 세포 하나하나가 커지는 거야.

일이나 운동을 오래 하면 팔다리가 뻐근해져. 근육이 지친 거야. 에너지를 쓰는 과정에서 젖산이란 노폐물이 쌓이면 근육은 지치고 뭉치게 돼. 그런데 생각해 봐. 심장 근육은 평생 한 번도 쉬지 않고 일하잖아? 정말 대단한 근육이야. 그래서 근육을 맘대로근, 제대로근, 심장 근육, 세 종류로 나누기도 해.

우리 몸무게의 약 40퍼센트는 근육 무게인데, 사람의 근육은 매우 효율이 높아. 체중 60킬로그램인 사람이 시속 20킬로미터로 자전거를 타면 한 시간에 600킬로칼로리의 열량을 쓰게 돼. 밥 2~3공기쯤 되는 열량이지. 만일 사람이 휘발유를 소화시킬 수 있다면 1리터를 마시고 무려 255킬로미터를 갈 수 있어. 서

✚ 잠들기 전에 먹으면 살이 쪄
하루에 같은 양을 먹더라도 잠들기 직전에 음식을 먹는 습관을 가지면 살이 찌기 쉬워. 우리 몸은 밤엔 주로 에너지를 지방으로 저장하기 때문이야.

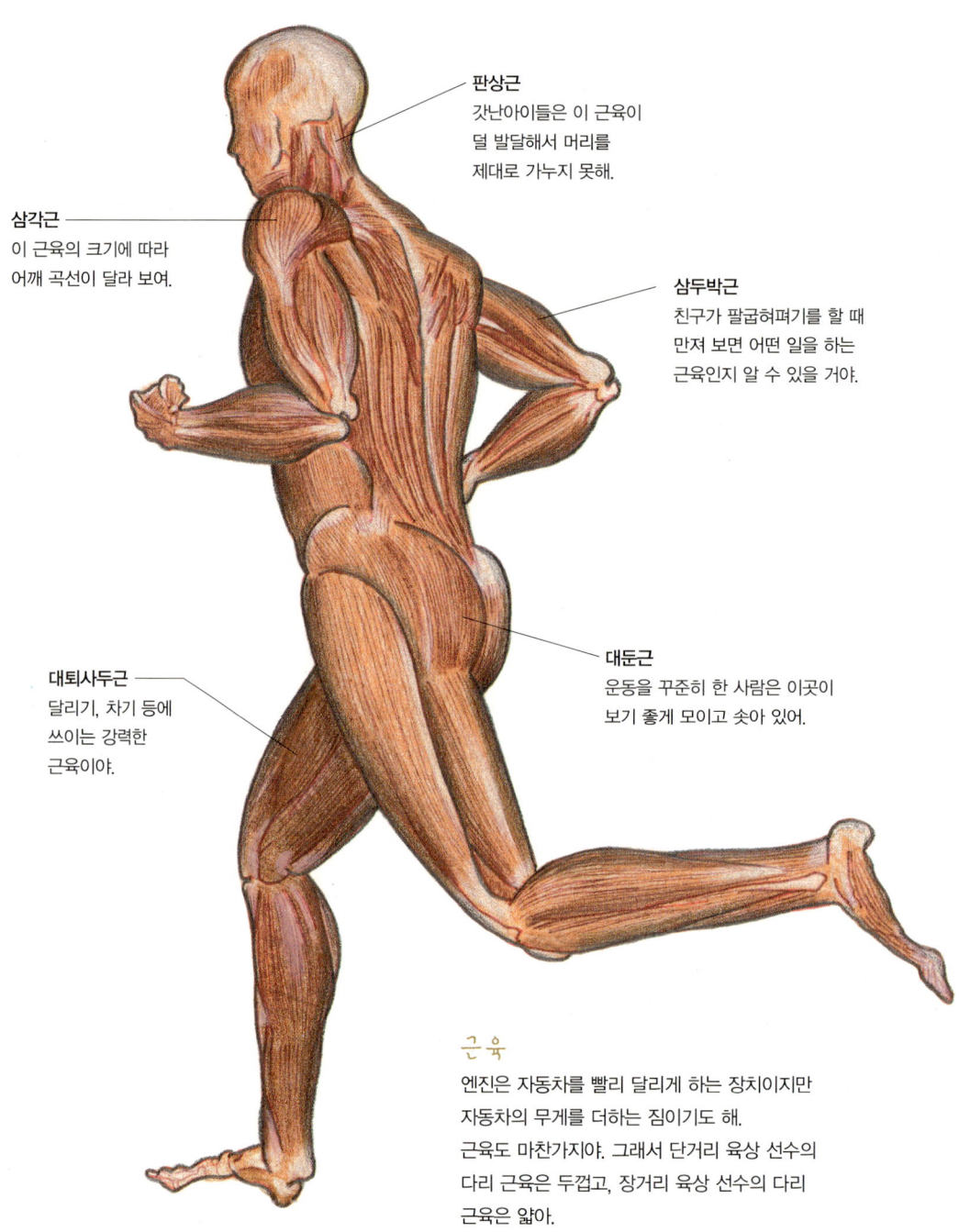

판상근
갓난아이들은 이 근육이 덜 발달해서 머리를 제대로 가누지 못해.

삼각근
이 근육의 크기에 따라 어깨 곡선이 달라 보여.

삼두박근
친구가 팔굽혀펴기를 할 때 만져 보면 어떤 일을 하는 근육인지 알 수 있을 거야.

대둔근
운동을 꾸준히 한 사람은 이곳이 보기 좋게 모이고 솟아 있어.

대퇴사두근
달리기, 차기 등에 쓰이는 강력한 근육이야.

근육

엔진은 자동차를 빨리 달리게 하는 장치이지만 자동차의 무게를 더하는 짐이기도 해.
근육도 마찬가지야. 그래서 단거리 육상 선수의 다리 근육은 두껍고, 장거리 육상 선수의 다리 근육은 얇아.

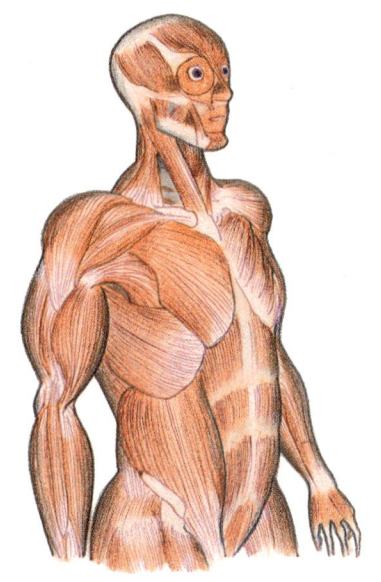
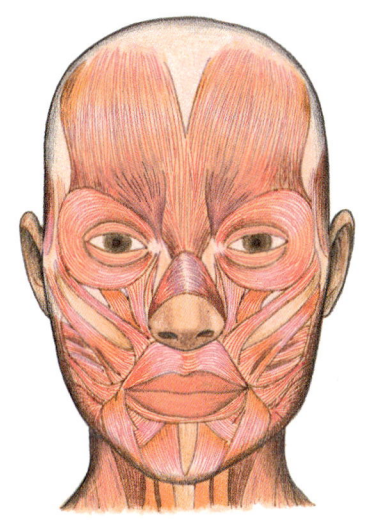

근육은 우리 몸무게의 30~50퍼센트를 차지해. 얇은 피부를 한 꺼풀 벗겨 내면 근육이 낯선 모습을 드러내. 예쁘다, 못났다라는 말은 몸의 일부분만 보고, 몸의 대부분을 보지 못하고 하는 말일 수도 있어.

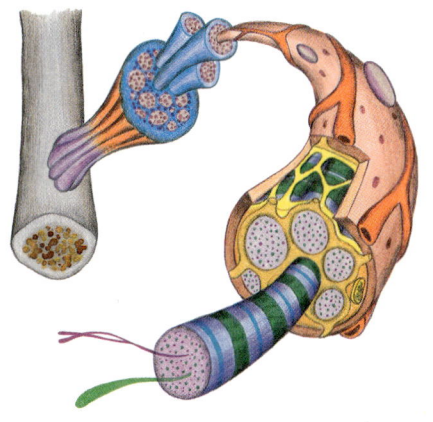

근섬유
근육을 이루는 섬유 한 가닥. 근육이 불어난다는 건 섬유 수가 늘어나는 게 아니라 섬유가 두꺼워지는 거야.

울에서 부산까지 자전거로 달려가는 데 필요한 휘발유는 겨우 1.6리터! 승용차라면 적어도 15배는 필요할 거야.

우리 몸을 지키는 피부와 털

피부는 무게가 4킬로그램쯤 되는, 사람의 몸에서 가장 큰 기관이야. 피부는 몸을 보호하는 역할을 해. 박테리아, 태양의 자외선, 화학 물질 등 해로운 것들이 몸속으로 들어오지 못하게 하고 체온을 조절해.

천연 에어컨인 피부는 가로세로 1센티미터마다 100개의 땀샘이 있어서 열을 식혀 줘. 사람은 하루에 0.5리터의 땀을 흘리는데, 더울 때는 한 시간에 1리터를 흘리기도 해.

피부엔 가로세로 1센티미터마다 500만 마리의 박테리아가 살고 있어. 한 사람의 피부에서 살아가는 박테리아가 세계 인구의 10배보다 많은 셈이야.

피부에 있는 박테리아는 대개 사람에게 이로워. 이런 박테리아는 해로운 박테리아를 물리칠 뿐만 아니라 상처 치료에 도움을 주기도 해. 너무 자주 비누

➕ 피부의 두께
피부의 두께는 평균 1.2밀리미터야. 가장 얇은 피부는 두께 0.5밀리미터인 눈꺼풀이고, 가장 두꺼운 피부는 6밀리미터인 손바닥, 발바닥이지.

로 샤워를 하면 피부를 지켜 주는 박테리아는 사라져 버려.

때를 너무 자주, 세게 미는 것도 문제야. 공기, 햇볕과 맞닿는 피부의 가장 바깥 층은 죽은 피부 세포가 단단하게 뭉친 각질(케라틴)로 덮여 있어. 각질은 쉽게 말해서 때인데, 해로운 것들로부터 몸을 보호하고 피부에서 수분이 날아가는 것을 막아 주지. 청결도 좋지만, 지나치게 때를 밀면 피부에 문제가 생기기 마련이야.

현대인은 옛날 사람들보다 깨끗한 환경에서 살면서 많은 질병에서 벗어났어. 하지만 현대인의 질병 중에선 지나치게 깨끗하게 살아서 생긴 것도 참 많아. 때론 미생물의 도움을 받기도 하고, 때론 미생물과 싸우며 면역력을 길러야 하는데, 너무 깨끗하게 씻다 보니 미생물과 만날 기회를 갖지 못하는 거야.

사람의 피부색이 저마다 다른 까닭은 피부를 구성하고 있는 세포 중 하나인 멜라닌 세포 때문이야. 아프리카 사람들 얼굴이 검은 것은 햇볕이 강한 지역에서 오랫동안 살아온 결과야. 검은색 멜라닌은 몸

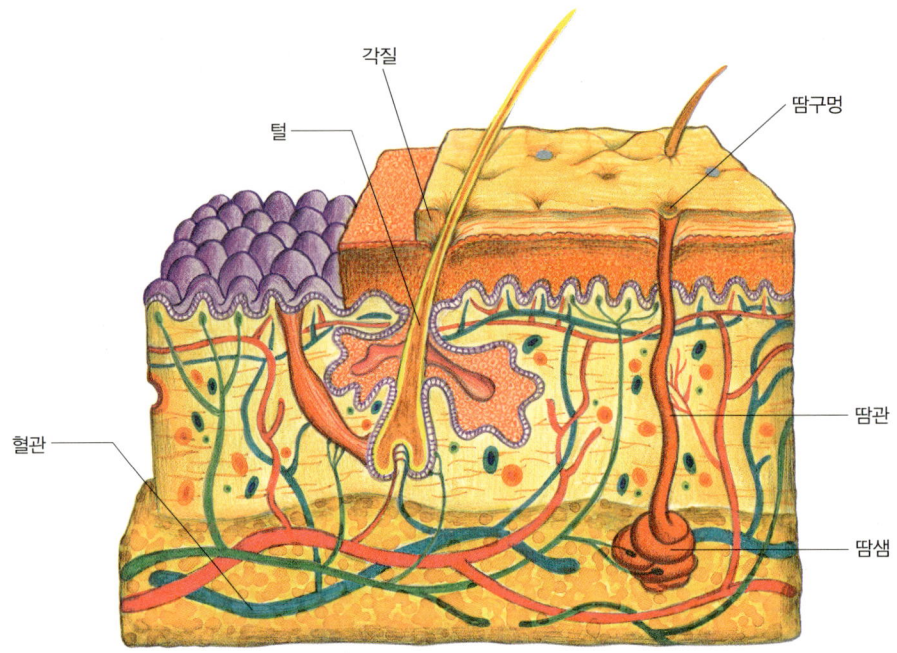

피부

동물 가죽이 그런 것처럼 피부는 우리 몸에서 가장 질기고 튼튼한 부위야. 하지만 아무리 질기고 튼튼해도 자주 상처가 나거나, 햇볕에 지나치게 그을리면 나중에 후회하게 될지도 몰라. 어린 시절에 베이고 그을린 곳은 20~30년 뒤에 깊은 주름이 되거든.

에 해로운 자외선을 흡수해서 자외선이 피부 속으로 침투하는 것을 막아 주거든. 유럽처럼 햇볕이 약한 곳에서 살아온 사람들은 피부가 희게 변했어. 같은 양의 자외선을 쬐었을 때 피부가 흰 사람은 피부가 검은 사람보다 피부암에 걸리기 쉬워.

사람의 피부엔 500만 개의 털이 나 있어. 털, 손톱과 발톱은 피부가 변해서 된 거야. 피부의 각질과 마찬가지로 털, 손톱과 발톱도 케라틴이거든. 침팬지나 오랑우탄처럼 사람과 가까운 영장류는 온몸이 두꺼운 털로 덮여 있지만 사람은 머리에만 두꺼운 털이 남았어.

사람이 왜 털을 벗고 알몸이 됐는지는 수수께끼야. 털은 추위를 막아 주는 외투이고, 여름엔 햇볕의 자외선으로부터 피부를 보호해 주는 양산인데 말이지. 같은 넓이의 피부에 난 털의 수는 침팬지나 인간이나 비슷해. 다만 인간의 털은 가늘고 색이 연할 뿐이지.

사람의 머리엔 10만 개의 머리카락이 있는데 하루에 80여 개씩 빠져. 머리카락은 하루에 0.3밀리리터씩 자라. 10만 개가 하루에 자란 길이를 다 합치면 30미터쯤 돼. 한 달이면 1킬로미터나 자라는 거야. 머리카락의 수는 색깔마다 조금씩 달라. 금발은 15만 개, 흑발은 11만 개, 적발은 9만 개쯤 돼. 머리카락의 평균 수명은 5년 6개월이야.

머리카락은 뼈 속에 있는 골수 다음으로 빠르게 자라는 조직인데, 특히 수염은 인체의 털 중에서 가장 빨리 자라. 그래서 남성은 80년쯤 산다면

➕ 자른 머리카락의 길이는?
사람은 평생 500~600번쯤 머리카락을 잘라. 평생 자르지 않고 기른다면 9미터쯤 돼.

➕ 하수구를 막히게 하는 범인은?
머리카락 하나는 100그램 정도의 무게를 지탱할 수 있어. 10만 개의 머리카락을 다 합치면 10톤의 무게까지 지탱할 수 있지. 머리카락은 매우 튼튼해서 독한 화학 물질로도 잘 파괴되지 않아. 그래서 화장실 하수구를 막히게 하는 범인은 주로 머리카락이야.

그중 5개월을 2만 번 정도 면도하면서 보낸다고 할 수 있지.

어떤 사람의 피부와 머리(털)를 보면 우리는 그 사람의 나이를 어림잡을 수 있어. 엄마 아빠가 어렸을 때만 해도 40대에 손자를 보고 겉모습도 할아버지, 할머니처럼 보이던 어른이 많았어. 하지만 요즘 40대는 그 옛날 20~30대 뺨치게 젊어. 피부와 머리(털) 관리에 돈과 시간과 정성을 들이기 때문이야. 전 세계 여성과 남성이 피부와 머리를 가꾸려고 쓰는 돈은 어마어마해. 전 세계에서 거래되는 곡물 값하고 비슷해. 그 돈이면 기아에 시달리는 10억 인류가 배불리 먹을 수 있다고 하니, 젊어 보이는 대가는 참으로 값비싼 거지.

그렇다면 화장품 값을 아껴서 굶주리는 아프리카 사람들에게 보내야 하는 걸까? 기왕이면 더 맛있는 음식을 먹고 싶은 것처럼, 더 젊고 더 아름다운 모습을 좋아하는 것도 사람의 타고난 본성이야. 그러니 무작정 화장품만 탓할 수는 없는 일이지. 더구나 식량은 모자라지 않아. 70억 명이 살아가는 지구에선 해마다 120억 명이 먹을 수 있는 곡식이 생산돼. 제대로 또 공평하게 분배되지 않을 뿐이야.

몸은
날마다 바뀌어

　사람 몸에서 늘 그대로인 곳은 거의 없어. 매끈매끈한 피부 세포도 때가 되면 죽어 떨어져 나가고 그만큼 새 피부가 생기는 거지. 우리 몸에선 1분마다 1만 개의 피부 조각이 떨어져 나가. 그래서 집 안 먼지의 대부분은 몸에서 떨어져 나간 피부 조각이야. 공기, 물, 햇볕과 맞닿는 피부의 가장 바깥 부분은 한 달이면 모두 새것으로 바뀌어.✚

　손톱은 발톱보다 네 배 빨리 자라. 한 달에 2밀리미터쯤 자라니까 평생 손톱을 깎지 않으면 길이가 2~3미터쯤 될 거야. 손톱 중에선 가운데 손가락의 손톱이 가장 빨리 자라. 보통 가운데 손가락이 가장 긴데, 손톱이 자라는 속도는 손가락 길이에 비례해.

　죽은 뒤에도 손톱이 자란다는 으스스한 이야기가 있어. 그래서 귀신 그림을 보면 손톱이 긴 경우가 있는데 잘못 알려진 이야기야. 사람이 죽고 나면 손톱

> **✚ 인간 대 기계**
> 자동차엔 약 5만 개의 부품, 여객기엔 약 300만 개의 부품, 우주 왕복선엔 약 500만 개의 부품이 있어. 그런데 우리 몸에는 100조 개의 세포가 있고, 뇌 속에만 1,000억 개의 신경 세포가 있지.

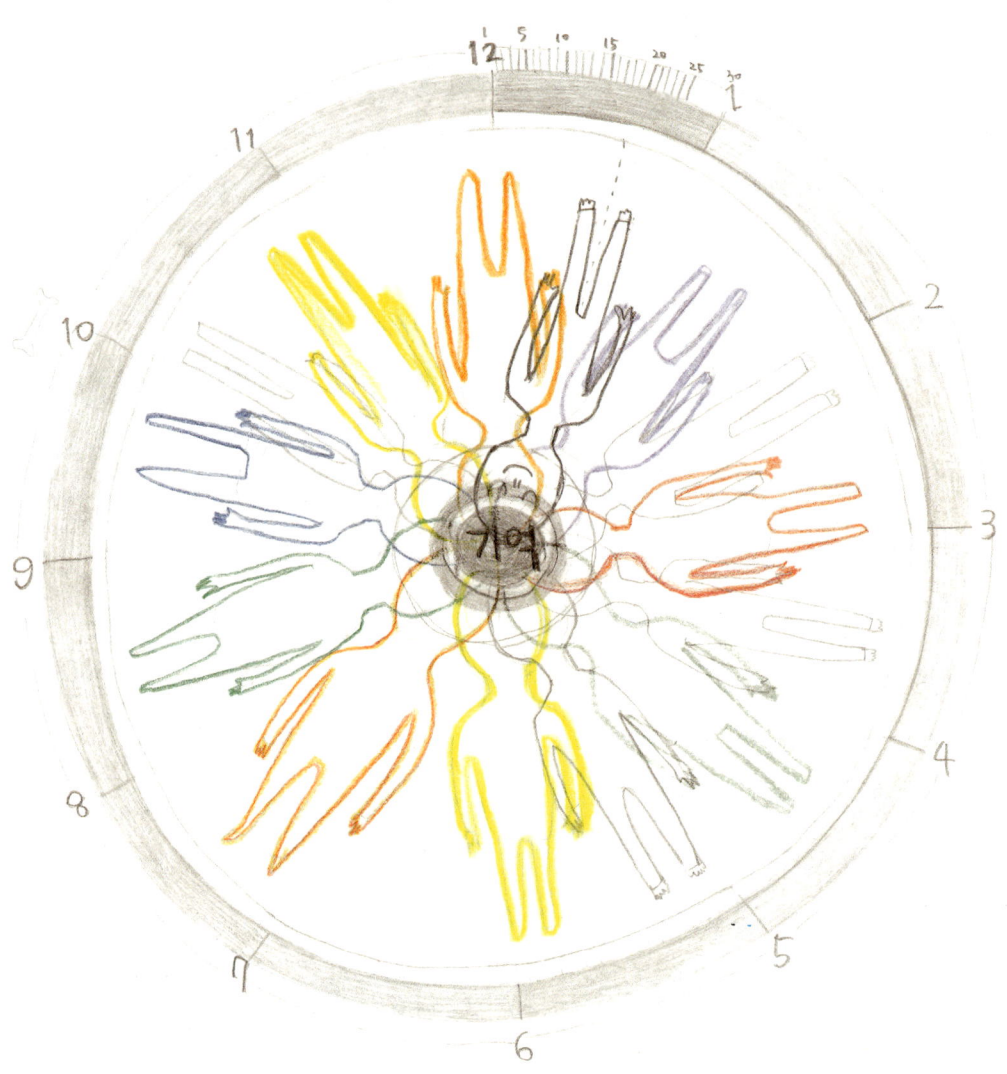

도 자라지 않아. 단지 죽은 사람의 피부에서 물기가 빠져나가 손가락이 수축하면서 손톱이 길어 보이는 것뿐이야. 손발톱이 자라는 속도는 나이를 먹을수록 빨라져.

위장은 5일마다 위벽을 새것으로 바꿔. 한 해 동안 74개의 위벽을 새로 만드는 셈이지. 영양소를 처리하고 해로운 물질을 분해하는 간은 57주마다 완전히 새로운 간으로 바뀌지. 사람 몸무게의 20퍼센트를 차지하는 뼈는 평균 10년마다 새것으로 싹 바뀌어. 평생 8명분의 뼈를 만드는 셈이야. 피는 한 달에 1리터씩 새것으로 바뀌니까 5~6달이면 모두 새 피로 바뀌는 거지. 신경 세포는 평생 그대로이지만 신경 세포를 이루는 원자는 1년이면 98퍼센트가 바뀌어. 얼굴도 새로 바뀌고 심장도 새로 바뀌고 뇌도 새로 바뀌지.

그럼 우리 몸에서 가장 오래된 건 뭘까? 그건 바로 우리의 기억이야.

> **✚ 절대로 기억 못하는 건 뭘까?**
> 기억도 다 믿을 건 못 돼. 한때는 A라고 똑똑히 기억하던 일도 세월이 흐르면 차츰 희미해지고 다른 기억하고 뒤섞이다가 결국 a나 심지어 B로 바뀌기도 해. 사람은 기억이 바뀐 걸 기억하지 못해.

뼈의 역사

구석구석 꼼꼼하게!

진화론에 따르면 뼈는 아득하게 오래된 역사를 지니고 있어.

원시적인 척추뼈를 가진 '해구어'라는 물고기가 처음 나타난 때는 5억 3,000만 년 전이야. 5억 3,000만 년 전이 얼마나 먼 옛날인가 하면, 그때부터 달팽이가 쉬지 않고 기었다면 지구를 100만 바퀴쯤 돌았을 거야.

3억 7,500만 년 전에 살던 틱타알릭은 지느러미 속에 어깨, 팔꿈치, 손목뼈와 관절을 가진 최초의 물고기야. 그 무렵 바다엔 크고 사나운 포식 물고기가 많았어. 인류의 조상이 되는 물고기는 포식 물고기를 피해 뭍으로 달아난 것 같아. 바다에서 쫓겨난 패자가 오랜 세월이 흐른 뒤 육지에서 번성하게 된 거지. 바다에서 쫓겨난 녀석들은 지느러미 대신 팔다리라는 근사한 전리품을 얻게 돼.

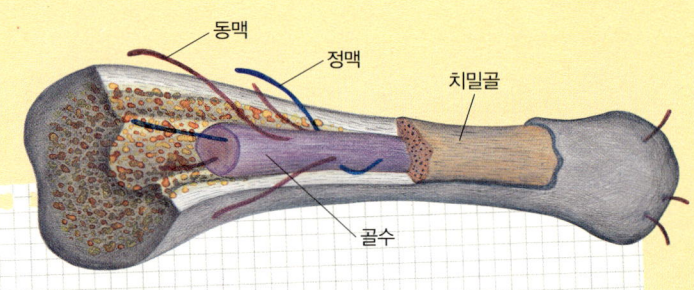

뼈 속

뼈는 우리 몸에서 기둥 역할을 하지만 건물의 기둥처럼 단단한 물질로 가득 찬 건 아니야. 뼈 속의 정맥과 동맥으로 피가 흐르고 스펀지처럼 부드러운 골수 속에서 피가 만들어져.

뼈의 등장

뼈의 등장은 동물이 바다를 떠나 육지에서 살게 된 일과 깊은 관련이 있어. 물속에선 뼈 없이도 문어처럼 근육만으로 움직일 수 있어. 물의 힘(부력)이 몸을 떠받치기 때문인데, 육지에선 어려운 일이야. 육지에선 뼈에 의지해 오로지 제 힘으로 움직여야 해.

   3억 6,500만 년 전의 양서류 아칸소스테는 진짜 손가락, 발가락을 가지고 있었어. 2억 5,000만 년 전의 파충류는 사람과 같은 손목뼈, 발목뼈 들을 갖게 되었지. **인간이 정교하게 손을 사용할 수 있는 까닭은 엄지와 나머지 손가락 끝을 마주 보며 맞댈 수 있기 때문이야. 인류 조상인 영장류가 이런 손을 가진 때는 7,000만 년 전이야.** 사람과 가장 가까운 친척인 침팬지는 뼈의 구조와 모양도 사람과 가장 비슷해.

   뼈의 주성분은 칼슘이야. 칼슘은 신경을 통해 감각, 통증 같은 신호를 전달하고, 근육을 움직이게 하고, 상처의 피를 굳게 하는 일에 꼭 필요해. 바다에는 칼슘이 풍부하지만 육지에는 칼슘이 별로 없어. 그래서 먼 옛날 바다에서 태어난 생물이 육지 생물로 진화하면서 바다를 뼈에 담아 뭍으로 올라왔다는 말도 있어.

사람이 살아가려면 음식을 먹어야 해.
음식은 우리 몸을 이루고, 우리는 음식에서 얻은 에너지로
생각하고 말하고 움직이는 거야. 음식의 맛은 먹는 일을
즐겁게 해서 몸에 필요한 영양소를 얻는 데 도움을 주지.
먹고 싶은 음식을 고르고, 음식을 꼭꼭 씹어 삼키는 데까지는
나(대뇌)의 마음대로 할 수 있어.
하지만 음식을 목구멍으로 삼키고 나면, 우리 마음대로
할 수 있는 일은 별로 없어. 목구멍을 넘어간 음식은
우리 몸의 자율 신경이 알아서 처리해.

사는 것은 ⑤
먹는 것이다

중추 신경의
음식 먹기

사람이 살아가려면 음식을 먹어야 해. 3주 동안 음식을 먹지 못하면 건강한 사람도 죽고 말아. 음식엔 몸을 이루는 물질, 에너지로 이용되는 물질, 생명을 유지하는 데 필요한 물질이 들어 있어. 이런 물질을 영양소라고 해. 쉽게 말해서 음식은 우리 몸을 이루고, 우리는 음식에서 얻은 에너지로 생각하고 말하고 움직이는 거야.

갓난아이가 태어나서 초등학교 1학년이 될 때까지 1,500킬로그램의 음식을 먹어. 그 뒤로 어른이 될 때까지 해마다 500킬로그램의 음식을 먹지. 한 사람이 평생 먹은 음식이 교실을 가득 채우고도 넘쳐. 그런데 평생 싼 똥을 교실

에 부으면 발목 복사뼈를 살짝 덮을 뿐이야. 그 많은 음식은 대체 어디로 갔을까? 피가 되고, 살이 되고, 뼈가 되고, 에너지가 되고, 생각이 되고, 감정이 되고, 기억이 된 거지. 나는 내가 먹은 그것이야.

영양소 중에서 탄수화물, 단백질, 지방을 3대 영양소라고 해. 탄수화물은 우리가 날마다 먹는 밥 그리고 빵과 국수에 들어 있는데 몸을 덥히고 몸을 움직이는 에너지를 만들어 내. 고기나 생선에 들어 있는 단백질은 피와 살, 호르몬을 만드는 원료가 돼. 비계, 식용유 같은 지방은 세포와 호르몬을 만드는 원료가 되지. 단백질과 지방도 몸속에서 에너지를 만들 수 있어.

영양소 중엔 비타민과 무기염류도 있어. 칼슘, 마그네슘, 철 같은 무기염류는 우리 몸무게의 3.5퍼센트를 차지하고, 우리가 하루에 먹는 비타민은 모두 합치면 쌀알 10개 정도일 거야. 무척 적은 양이지만 무기염류와 비타민이 없으면 생명을 유지할 수 없어.

옛날엔 퇴비를 비료로 쓰고, 땅이 기운을 되찾을 시간을 주려고 해를 걸러 농사를 짓기도 했어. 그래서 요즘처럼 화학 비료로 키운 과일과 채소보다 무기염류와 비타민이 훨씬 풍부했지. 요즘 사람들은 부족해진 무기염류와 비타민을 영양제로 보충하기도 해.

음식은 여러 가지 맛을 지니고 있어. 혀는 단맛, 쓴맛, 짠맛, 신맛, 감칠맛을 느껴. 다섯 가지 맛뿐만 아니라 음식의 온도, 촉감, 모양과 색깔, 씹히는 소리도 맛을 느끼는 데 중요한 역할을 해. 입은 물론 눈, 코, 귀가 함께 음식의 맛을 느끼는 거야. 특히 코의 역할이 중요한데 맛의 80퍼센트는 음식의 향기라고 할 정도야.✛

맛은 음식 먹는 일을 즐겁게 해서 몸에 필요한 영양소를 얻는 데 도움을 줘. 예를 들어 당분에선 단맛이 나기 때문에 사람들은 당분이 든 음식을 좋아해. 당분은 에너지로 쓰이는, 몸에 꼭 필요한 물질이니까.

맛은 위험을 피하게도 해 줘. 독이 들어 있으면 주로 쓴맛이 나기 때문에 사람들은 그 음식을 피하게 되지.

혀에는 맛을 느끼는 미뢰가 1만 개쯤 있는데, 침에 녹은 물질의 맛만 느낄 수 있어. 60세쯤 되면 미뢰의 절반이 사라져. 그래서 젊은 사람 입맛엔 간이 맞는데, 나이 든 사람에겐 싱겁게 느껴지는 거야. 나이 든 사람이 요리를 하면 짜게 되기 쉽지.

혀 근육은 크기에 비해 가장 강한 근육이야. 혀 근육은 말하기뿐만 아니라 음식을 식도로 넘기는 역할을 하기 때문에 아주 정밀하고 섬세하게 움직여.

> ✛ **코의 놀라운 재주**
> 코는 공기 부피의 1조 분의 1만큼에 포함된 냄새를 분별하는데, 이건 전 세계 인구의 150배나 되는 많은 사람 중에서 단 한 사람을 골라내는 것과 같아.

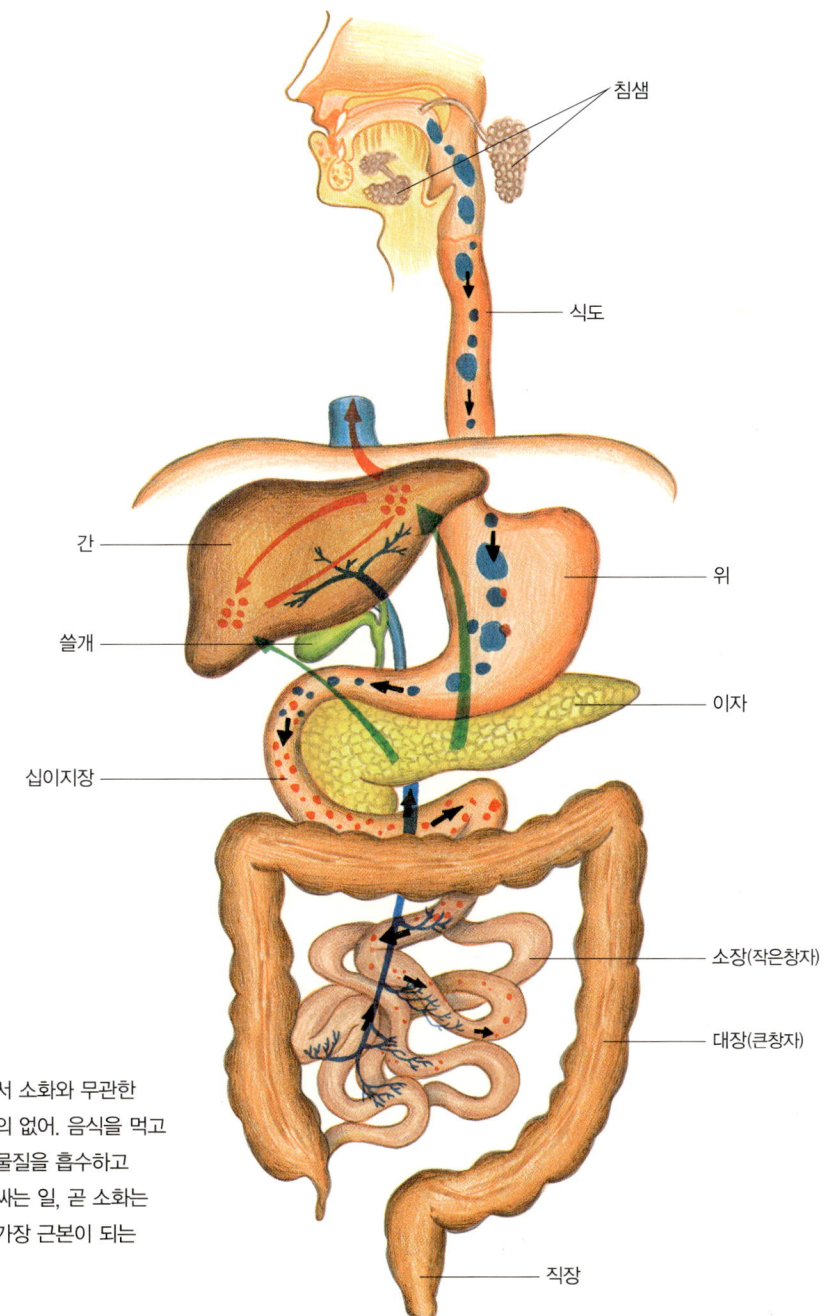

소화계

우리 몸에서 소화와 무관한 기관은 거의 없어. 음식을 먹고 에너지와 물질을 흡수하고 똥오줌을 싸는 일, 곧 소화는 생명체의 가장 근본이 되는 일이거든.

이빨로 씹은 음식을 가장 먼저 소화시키는 물질은 침이야. 침 속의 아밀라아제라는 소화 효소가 쌀, 감자 등에 들어 있는 탄수화물(녹말)을 분해해. 사람은 하루에 1~1.5리터의 침을 분비하는데, 음식이 부드럽게 식도를 통과해서 위장에 도착하도록 돕는 윤활유 역할을 하고, 음식에 포함된 화학 물질을 녹여서 혀의 미뢰가 맛을 느끼게 해. 침엔 해로운 균을 죽이는 아질산나트륨 같은 성분도 들어 있어.

긴장하면 침이 마른다고 하잖아? 스트레스를 받아도 그렇고. 건강에 이상이 있으면 침이 마르는 경우가 있어. 침이 마르면 씹기와 삼키기가 힘들어지고 맛도 잘 느끼지 못해. 그러면 음식을 제대로 못 먹게 될 테니, 침이 마르는 건 여간 심각한 일이 아니지.

먹고 싶은 음식을 고르고, 음식을 꼭꼭 씹어 삼키는 데까지는 나(대뇌)의 마음대로 할 수 있어. 이빨과 혀는 중추 신경, 곧 대뇌의 명령을 받아 움직이니까. 하지만 음식을 목구멍으로 삼키고 나면 우리 마음대로 할 수 있는 일은 별로 없어. 목구멍을 넘어간 음식은 우리 몸의 자율 신경이 알아서 처리해.

자율 신경은 스스로 조절된다고 해서 '제대로신경'이라고도 해. 우리 몸의 근육 중에서 제대로근이 바로 자율 신경의 명령을 받아 움직이는 거야. 식도, 위장, 창자로 이어지는 소화 기관은 모두 제대로근으로 움직여.

자율 신경의
음식 먹기

목구멍으로 넘어간 음식은 길이 25센티미터의 식도를 따라 위장으로 내려가. 위장에 도착하기까지는 약 10초가 걸려. 물구나무서기를 해도 음식은 위장에 도착할 수 있어. 마치 손으로 조물조물 쥐어짜듯 식도 근육이 연동 운동을 하면, 자리에 눕든 물구나무서기를 하든, 음식은 위장 쪽으로 밀려가는 거야.

밥을 먹고 나면 먹기 전보다 위장의 크기가 20배까지 늘어나. 어른의 위장은 많게는 2리터의 음식을 담을 수 있어.

음식은 위장에 도착하면 위산을 만나. 위산은 음식을 녹여 소화시키기 좋은 상태로 만들고, 해로운 박테리아를 죽이기도 해. 음식이 상하는 걸 막아 주기도 하고. 염산이라고도 불리는 위산은 나무나 철을 녹여 버릴 정도로 강해. 평생 분비되는 위산을 모으면 승용차 한 대를 완전히 녹여 버릴 수 있어.

위산의 역할은 또 있어. 위장은 펩시노겐이라는 물질을 분비하는데, 펩시노겐이 위산을 만나면 단백질을 소화시키는 효소인 펩신으로 바뀌어. 왜 이런 복잡한 과정을 거치는 걸까? 위장이 펩신을 바로 분비하면 곤란하거든. 위장도 단백질이라서 펩신에 소화될 테니까. 펩신은 음식에 들어 있는 단백질을 잘게 잘라. 이렇게 잘린 조각을 펩티드라고 하는데, 펩티드는 작은창자에 가서 아미노산으로 잘게 분해되어 혈관으로 흡수돼.

위장은 1분에 세 번씩 조몰락조몰락 꿈틀 운동을 해서 음식을 섞고 잘게 부숴. 위장의 꿈틀 운동은 자율 신경의 명령을 따르는데, 지나치게 긴장하거나 스트레스를 받으면 자율 신경 균형이 깨져. 그러면 꿈틀 운동이 약해지고, 위산이 너무 많거나 너무 적게 분비되어서, 결국 소화가 제대로 안 돼. 흔히 스트레스를 만병의 근원이라고 하잖아. 음식을 먹고 소화시키는 건 살아가는 데 근본이 되는 일인데, 스트레스가 근본부터 망쳐 놓으면 건강하기는 어렵지.

음식이 위장에서 머무는 시간은 음식의 종류에 따라 달라. 물이나 음료수는 몇 분이면 작은창자로 내려가. 탄수화물은 1~2시간, 단백질은 2~3시간, 지방은 3~4시간쯤 위장에 머물러. 그래서 기름진 고기를 먹으면 배부른 느낌이 오래 가지.

음식이 잘게 부서지면 위장 끄트머리의 유문이 열렸다 닫혔다 하면서 음식을 조금씩 작은창자로 내려 보내. 늦어도 여섯 시간이면 위장에 들어온 음식은 모두 작은창자로 내려가. 텅 빈 위장엔 공기만 남

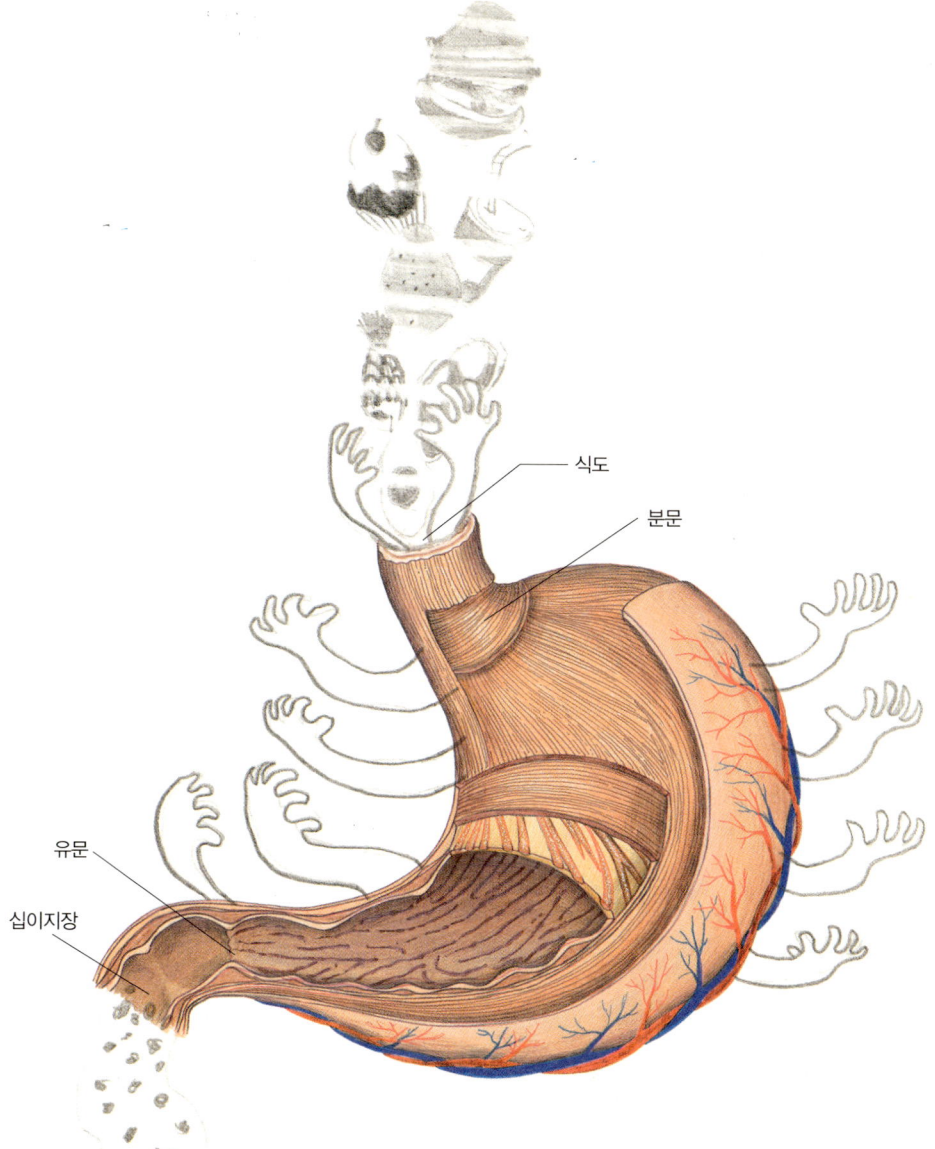

위(위장)

위장을 우스갯소리로 밥통이라고도 해. 밥통은 미련한 사람을 일컫는 말이잖아? 한국인은 위장을 괴롭히는 일에서만큼은 미련하다는 소리를 듣고도 남아. 한국 음식은 맵고 짜기로 세계에서 첫손에 꼽히고, 음식을 불규칙하게 먹기로도 한국인은 첫손에 꼽히지. 그러다 보니 위에 탈이 잘 나기로도 첫손에 꼽혀.

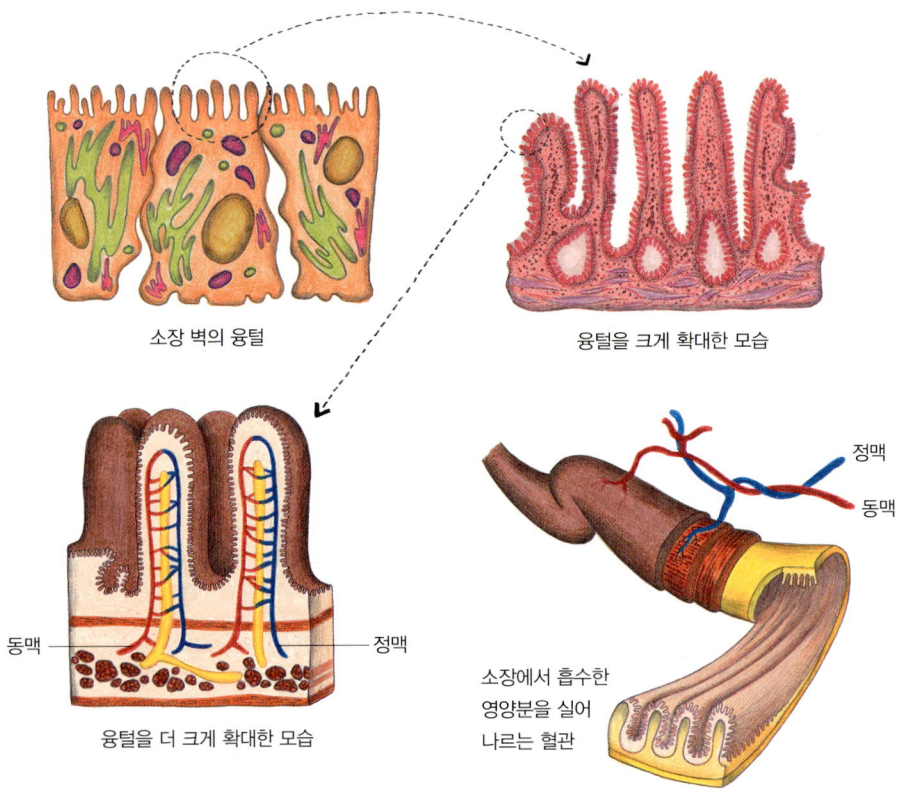

소장 벽의 융털

융털을 크게 확대한 모습

융털을 더 크게 확대한 모습

동맥 / 정맥

소장에서 흡수한 영양분을 실어 나르는 혈관

정맥 / 동맥

소장(작은창자)
위와 큰창자는 모두 잘라내도 살 수 있지만, 작은창자는 모두 잘라내면 살지 못해.

아서, 가끔 꼬르륵 소리가 나기도 해. 위장이 끼니때가 되었다는 신호를 보내는 거지. 꺼억, 하고 나오는 트림은 음식과 침에 섞여 위장에 들어온 공기가 도로 빠져나오는 소리야.

우리 몸에서 역사가 가장 오래된 기관은 창자일 거야. 창자의 역할은 영양소를 몸속으로 흡수하고, 남은 찌꺼기를 몸 밖으로 내보내는 거니까. 미생물이든 사람이든, 생명체가 살아가려면 반드시 해야 하는 일이거든. 창자가 가장 먼저 나타났고, 진화를 거듭하면서 창자로부터 위장, 간, 이자 등의 소화 기관이 딸려 나왔을 거라고 보는 학자가 많아.

사람의 창자는 길이가 8미터쯤 돼. 주로 곡식을 먹고 사는 사람은 창자 길이가 자기 키의 5배쯤 되지만, 질긴 풀을 먹고 사는 소의 창자는 길이가 자기 키의 20배도 넘어. 무려 60미터야! 풀을 소화시키기가 곡식을 소화시키기보다 그만큼 어렵다는 뜻이지.

반면, 주로 고기를 먹는 서양인의 창자는 주로 곡식을 먹는 동양인의 창자보다 짧아. 창자가 짧으면 허리길이도 짧지. 그래서 몸에서 다리가 차지하는 비율이 커. 요즘 어린이, 청소년 들은 부모 세대보다 키가 클뿐더러 특히 다리가 길어졌어. 가난하던 부모 세대는 고기를 맛

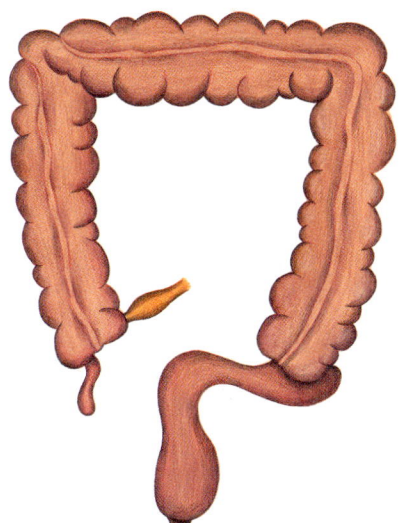

대장(큰창자)
큰창자에 탈이 나거나 스트레스 등으로 지나친 자극을 가하면, 똥 누는 일에 불편을 겪게 돼. 설사를 하거나 변비로 고생한다는 뜻이야.

보기 어려웠지만 요즘은 고기보다 채소가 더 비싸다는 불평이 들릴 정도야. **단백질, 지방 섭취가 늘면서 다리만 서양인처럼 길어진 건 아니야. 심장 질환, 혈관 질환, 대장암처럼 고기를 너무 먹어서 생기는 질병으로 고생하는 사람이 서양만큼 흔해졌어.**

사람의 창자는 길이가 6~7미터쯤 되는 작은창자와 1.5미터쯤 되는 큰창자로 나뉘어. 작은창자의 벽은 몹시 쭈글쭈글하고, 주름엔 수많은 융털이 나 있어. 쭈글쭈글해진 만큼 표면적이 넓으니까 영양소를 조금이라도 더 흡수할 수 있는 거야. 작은창자의 안쪽 표면을 쫙 펴면 넓이가 테니스장만 해질 거야.

지름이 4센티미터쯤 되는 작은창자는 샘창자, 빈창자, 돌창자로 나뉘어. 달리 십이지장이라고도 하는 샘창자엔 장액, 이자액, 쓸개즙 같은 소화액이 샘처럼 솟아나오는 구멍이 있어. 샘창자의 소화액엔 3대 영양소인 탄수화물, 단백질, 지방을 소화시키는 소화 효소가 모두 들어 있어.

빈창자와 돌창자가 하는 일은 비슷해. 샘창자에서 넘어온 영양소를 소화시키고 흡수하는 거지. 음식에 포함된 영양소는 작은창자를 지나며 대부분 몸속으로 흡수돼. 영양소를 흡수하고 남은 음식 찌꺼기는 작은창자 끝을 지나 큰창자로 들어가.

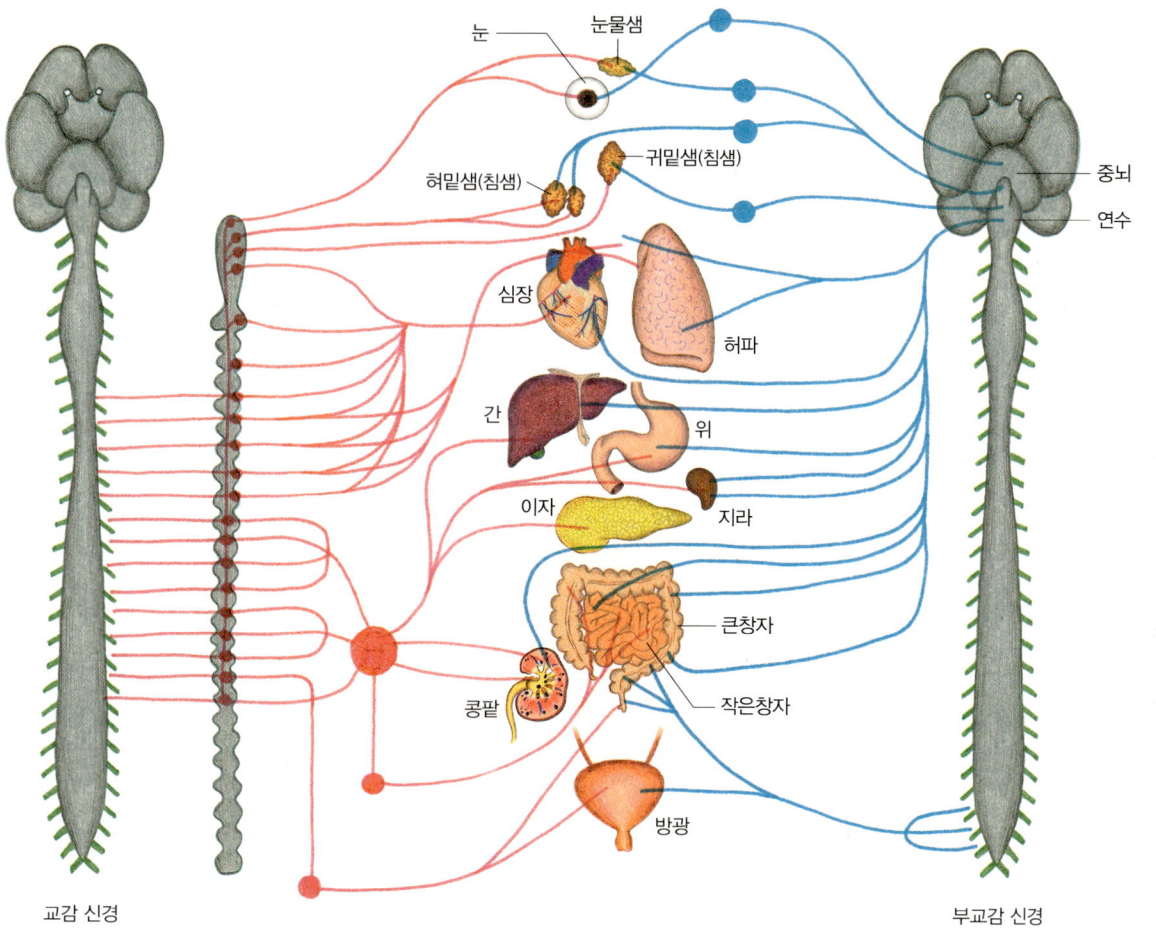

자율 신경

자율 신경은 신체를 구성하는 여러 장기와 조직의 기능을 조절하는 신경이야. 자율 신경은 교감 신경과 부교감 신경으로 나뉘어져 있는데, 서로 정반대되는 작용을 해. 예를 들어 위기를 느끼면 교감 신경이 심장을 빠르게 뛰게 하고, 긴장이 풀리면 부교감 신경이 작용해서 심장을 느리게 뛰게 해.

작은창자가 잘 차려진 식탁이라면 큰창자는 화장실이야. 길이가 1.5미터쯤 되는 큰창자는 물을 흡수하는 역할을 해. 작은창자에서 소화되고 남은 음식 찌꺼기는 질척질척한데, 큰창자가 물을 흡수하고 나면 단단한 똥이 되는 거야. 길이는 짧지만 큰창자의 지름은 작은창자의 두 배야.

사람의 몸은 세포와 박테리아의 연합군이란 말 기억해? 큰창자엔 대장균이라고 하는 수백 종의 박테리아가 살고 있어. 그 박테리아의 무게만 해도 거의 1킬로그램은 될 거야. 대장균들은 음식에 섞여 들어온 해로운 박테리아가 늘어나는 걸 막아 줘. 또 대장균들은 소화되고 남은 찌꺼기로 우리 몸에 꼭 필요한 여러 가지 비타민을 만들어. 그래서 독한 약이나 해로운 물질 때문에 대장균 수가 줄어들면 몸에 탈이 나고 말지.

뿡! 방귀는 큰창자의 박테리아들이 음식 찌꺼기를 분해할 때 만들어지는 기체야. 사람은 하루에 10~20번 방귀를 뀌어. 계란이나 고기처럼 단백질이 든 음식을 먹으면 고약한 냄새가 나는 방귀를 뀌어. 쌀밥이나 보리밥처럼 탄수화물이 많이 든 음식을 먹으면 방귀 소리는 요란하지만 냄새는 심하지 않아. 방귀 소리는 좁은 항문으로 기체가 한꺼번에 배출되면서 항문 주위가 떨려서 나는 거야. 트럼펫에서 소리가 나는 원리하고 같아.

큰창자가 질척질척한 음식 찌꺼기에서 물을 제대로 빨아들이지 못하면 묽은 똥, 곧 설사가 나와. 또 큰창자에 해로운 박테리아나 해로운 물질이 들어와서 설사가 나오기도 해. 반대로 큰창자가 물을 너무 많이 빨아들이면 변비가 생겨. 밥을 불규칙하게 먹으면 큰창자에서 음식 찌꺼기가 오래 머물게 되는데, 그러면 똥이 단단해지고 똥 누기가 어려워지는 거야. 병이 들거나 몸이 약한 사람은 음식 찌꺼기와 똥을 밀어내는 큰창자의 운동이 약해져서 변비가 생기기도 해.

약 24시간 전에 입으로 들어온 음식은 이제 똥이 되어 큰창자 끝부분의 곧은창자에 쌓여. 똥이 적당히 쌓이면 우리는 화장실에 가고 싶다고 느끼고 돼.✛ 입에서 가장 멀리 있는, 소화관의 맨 끝의 항문엔 내(대뇌)가 조절할 수 있는 괄약근이란 근육이 있어. 괄약근을 조이면 똥과 방귀를 얼마간 참을 수 있지.

✛ **똥의 3분의 1은 박테리아야**
어른은 하루에 200그램가량의 똥을 눠. 똥은 대부분 물과 음식 찌꺼기이고 그중 3분의 1은 큰창자에서 살던 박테리아야.

담아 두고
나눠 주는 간

무게가 1.5킬로그램쯤 되는 간은 우리 몸에서 피부 다음으로 큰 기관이야. 간은 덩치에 걸맞게 500가지가 넘는 많은 일을 해. 의학자들도 간이 하는 일들의 이치를 속속들이 알진 못해.

간은 창고 역할을 해. 소화된 영양소는 작은창자의 융털에서 모세 혈관으로 흡수되어 대부분 간으로 가거든. 일부 지방만 림프관을 통해 흡수되어 몸 곳곳의 지방 조직으로 가고. 간은 영양소를 저장하기도 하고 100조 개의 세포에 영양소를 보내 주기도 해.

체온을 섭씨 36.5도로 유지하고, 몸을 움직이고, 말하고, 생각하려면 에너지가 필요해. 우리 몸이 이용하는 에너지는 포도당을 산소로 태워서 얻는 거야. 작은창자에서 흡수한 포도당 같은 당분은 간에서 글리코겐이나 지방으로 바뀌어 저장돼. 그러다가 피 속의 포도당이 모자라면 간은 글리코겐을 포도당으로 바꾸어 피로 내보내.

어른의 피 속엔 약 5그램의 포도당이 녹아 있어. 5그램의 포도당은 20킬로칼로리의 에너지를 내니까 3~5분만 걸어도 모두 소모돼. 그래

서 간은 부지런히 포도당을 피 속으로 보내 줘야 하지.

　간은 우리 몸에서 필요한 물질을 만드는 공장 역할을 해. 작은창자에서 흡수한 물질은 대부분 우리 몸에서 바로 쓰지 못해. 간은 고기를 소화시켜 흡수한 물질을 우리 몸에서 쓸 수 있는 형태의 단백질로 바꿔 주고. 또 음식의 지방을 분해해서 흡수한 물질을 우리 몸에서 쓸 수 있는 형태의 지방으로 바꾸지. 그리고 간은 남아도는 포도당을 지방으로 바꾸어 몸에 저장하는데, 이게 바로 살이 찌는 이유야. 분명히 밥(탄수화물)만 먹었는데도 몸에 살(지방)이 붙는 거 말이야.

30여 년 전까지만 해도 살찌고 배 나온 사람은 "저 사람 부자인가 봐." 하는 소리를 듣고 다녔어. 먹을 게 귀하던 시절이었으니까. 요즘은 살찌고 배 나온 사람이 도리어 "저 사람 가난한가 봐." 하는 소리를 듣기도 해. 너무 가난하면 인스턴트 식품으로 끼니를 잇기 십상인데, 인스턴트 식품은 칼로리가 높아서 살찌기 쉽거든.

몸에 해로운 물질을 분해하는 것도 간의 중요한 역할이야. 아빠가 마신 술, 음식에 포함된 독소, 바이러스, 아파서 먹은 약, 몸에서 사용하고 난 호르몬……. 사실 간은 우리 몸의 거의 모든 기능에 관여한다고 봐도 돼. 1,000가지가 넘는 효소를 만들어서 우리 몸에서 일어나는 대부분의 화학 반응에 관여하니까.

"간에 붙었다 쓸개(담)에 붙었다 한다." 라는 말은 자기 이익만 따지며 여기 붙었다, 저기 붙었다 한다는 뜻이야. 몹시 놀랐을 땐 "간담이 서늘하다"고 해. 간과 담(쓸개)이 함께 서늘해질 만큼 간과 쓸개는 아주 가까이 붙어 있고 서로 떼려야 뗄 수 없는 관계를 맺고 있어. 우리 몸은 하루에 1리터가량의 쓸개즙을 만들어. 쓸개즙은 지방 소화를 돕는 물질인데, 간에서 만들고 쓸개에서 보관해. 쓸개에서 나온 쓸개즙은 쓸개관을 통해 샘창자로 들어가.✢

간과 가까운 소화 기관에는 이자도 있어. 달리 췌장이라고도 해. 이자에서 만드는 이자액엔 탄수화물, 단백질, 지방을 소화시키는 소화 효소가 모두 들어 있어. 위장은 단백질 소화 효소인 펩신을 바로 분비하지 않고 위산을 만나야, 펩신으로 바뀌는 펩시노겐을 분비하잖아? 펩신이 위장을 소화시키지 않도록 말이야. 이자도 마찬가지야. 이자는 단백질 소화 효소인 트립신을 바로 분비하지 않고, 샘창자에 가서 트립신으로 바뀌는 트립시노겐을 분비해.

그런데 박테리아, 바이러스, 알코올(술) 같은 독성 물질 때문에 이자에 염증이 생기면 이자의 트립시노겐이 트립신으로 바뀌어 이자를 소화시키는 수가 있어. 이럴 땐 빨리 병원에 가서 치료를 받아야 해.

이자는 피 속의 포도당 농도(혈당)를 조절하는 인슐린과 글루카곤을 분비해. 포도당은 우리 몸이 곧바로 사용할 수 있는 에너지원이야. 작은창자가 포도당을 흡수하여 피 속에 포도당이 많아지면 이자는 인슐린을 분비해.✚ 인슐린은 간과 근육 세포 속에서 포도당을 글리코겐으로 바꾸어 저장하게 해. 피 속에 포도당이 모자라면 이자는 글루카곤을 분비해. 그러면 간 속의 글리코겐은 포도당으로 분해되고, 포도당은 피를 타고 필요한 곳으로 가는 거지.

소화란 한마디로 음식을 분해하여

> **✚ 쓸개즙을 볼 수 있어**
> 체해서 심하게 토하면 노란 액체가 나오는 경우가 있어. 노란 액체가 바로 쓸개즙이야.
>
> **✚ 무서운 당뇨병**
> 이자에서 인슐린을 충분히 분비하지 못하면 피 속에 포도당이 늘어나. 이걸 당뇨병이라고 하는데, 당뇨병을 방치하면 신장병, 심장병 같은 무서운 병이 뒤따라와.

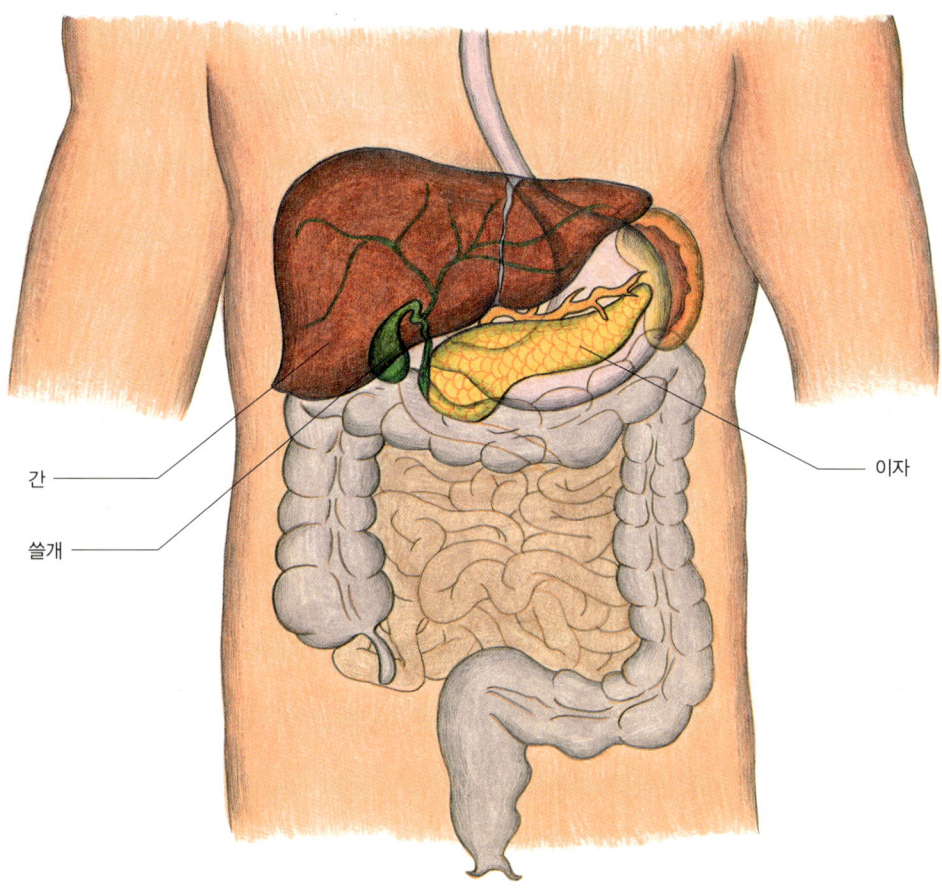

간

쓸개

이자

간, 쓸개, 이자

'간 떨어질 뻔했다.', '애간장이 녹는다.', '간이 콩알만 해졌다.' 등등 우리 몸의 장기 중에서 유독 간하고 얽힌 속담이 많아. 그만큼 중요한 장기란 뜻이겠지? 간은 3분의 2를 잘라 내도 기능은 정상이고 3개월만 지나면 원래 크기로 자라나. 그리고 쓸개와 이자는 간과 떼려야 뗄 수 없는 관계를 맺고 있지.

우리 몸에서 이용할 수 있는 영양소로 바꾸고 흡수하는 일이야. 우리가 먹은 음식을 소화시키는 과정엔 위장, 간장, 이자, 작은창자가 분비하는 수십 가지의 소화 효소가 얽히고설켜 있어. 그렇게 복잡한 과정을 거쳐서 우리가 먹은 음식은 영양소로 바뀌어 몸속으로 흡수되는 거야.

우리 몸에 꼭 필요한 영양소로 6대 영양소를 꼽기도 하고 더 세분하여 44개 영양소를 꼽기도 해. 쌀에서 얻는 탄수화물이나 단백질처럼 하루에 몇십~몇백 그램씩 먹어야 하는 영양소도 있고 하루에 깨알만큼만 먹어도 충분한 비타민도 있어. 겨우 깨알만큼이지만 비타민을 섭취하지 않으면 몸에 큰 탈이 나고, 비타민 부족이 지속되면 결국 죽고 말아.

15세기 이후로 대륙을 오가는 긴 항해가 잦아졌는데, 배 안에서 선원들이 자꾸 죽는 이유를 연구하다 비타민을 발견하게 되었다고 해. 냉장고가 없던 그 시절, 배에서는 비타민이 들어 있는 채소와 과일을 먹기 어려워서 비타민이 부족했던 거지.

비타민의 역할처럼, 우리 몸의 진실이 밝혀지는 과정은 세상의 진실이 밝혀지는 과정하고도 비슷해. 세상엔 1만 개는 족히 되는 다양한 직업이 있는데, 그중엔 판사처럼 눈에 확 띄는 직업이 있고 환경미화원처럼 눈에 잘 안 띄는 직업도 있잖아. 저마다 맡은 일을 하긴 마찬가지지만, 사람들은 대개 환경미화원이 하는 일보다 판사가 하는 일이 더 중요하다고 생각해. 환경미화원이니까 당연히 월급이 적고, 판사니까 당연히 월급이 많은 거지, 하고 생각해.

그런데 환경미화원들이 화가 나서 일손을 놔 버린다고 생각해 봐. 집 안팎과 거리는 금세 쓰레기로 뒤덮이고 자칫하면 전염병마저 들끓어 사회는 혼란에 빠질 거야. 그렇게 돼도 여전히 환경미화원이 하는 일이 판사가 하는 일보다 덜 중요하다고 생각할 수 있을까? 노동자들이 파업을 하고, 때론 반드시 파업을 해야 하는 이유가 있어. 몸에 탈이 나서 비타민의 진실이 드러난 것처럼, 세상이 탈이 나 봐야 꼭꼭 숨어 있던 세상의 진실이 드러나곤 하니까.

이빨의 역사

음식을 소화시킨다고 할 때, 가장 먼저 떠오르는 말은 '씹기' 아닐까? 씹기, 곧 이빨로 잘게 부수는 일은 소화의 첫 번째 단계야.

이빨의 역사는 무척 길어. 이빨을 가지고 세상에 처음 나타난 동물은 5억 년 전의 무악어류야. 엉성한 모양의 작은 이빨을 지닌, 위아래 턱이 제대로 발달하지 않은 원시적인 물고기지.

2억 년 전엔 쥐를 닮은 첫 포유류 모루가누코돈이 나타나는데, 이 녀석은 제법 정교한 이빨을 지니고 있었어.

이빨의 표면(법랑질)은 사람의 몸에서 가장 단단한 부위야. 못이나 유리보다 단단하고, 단단함을 나타내는 모스 경도로는 수정과 같은 7이나 돼.

우리 몸의 근육 중에서 가장 힘이 센 것도 씹고 말하는 턱 근육이야. 사람의 무는 힘은 50~100킬로그램쯤 돼. 무는 힘이 300킬로그램인 사자나 1,000킬로그램인 악어에 비할 바는 아니지만 말이야.

단단하긴 하지만, 이빨은 우리 몸에서 유일하게 스스로 고치지 못하는 부위야. 이빨의 법랑질은 살아 있는 조직이 아니기 때문에 한 번 깨지면 영영 되살리지 못해. 그래서 옛날엔 오복이라 하여 다섯 가지 복을 꼽았는데, 이빨이 튼튼한 걸 그중 하나로 꼽기도 했어.

숨을 쉬는 것과 더불어 심장이 뛰면서 피가 흐르는 건,
사람이 살아 있다는 가장 분명한 증거야. 심장이
뿜어내는 피의 흐름은 일생 동안 잠시도 멈추지 않아.
100조 개나 되는 우리 몸의 세포는 모두 피가
실어 나르는 산소와 영양소로 살아가는 거야.
우리 몸엔 9만 킬로미터의 혈관이 있어. 지구 둘레의
두 배가 넘는 길이이고, 자동차가 다닐 수 있는
전국 도로의 길이를 모두 합친 것과 비슷해.

멈추지 않는 피의 여행

 숨을 쉬는 것과 더불어 심장이 뛰면서 피가 흐르는 건, 사람이 살아 있다는 가장 분명한 증거야. 심장이 뿜어내는 피의 흐름은 일생 동안 잠시도 멈추지 않아.

 100조 개나 되는 우리 몸의 세포는 모두 피가 실어 나르는 산소와 영양소로 살아가는 거야.✝ 그래서 우리 몸엔 9만 킬로미터의 혈관이 있어. 지구 둘레의 두 배가 넘는 길이이고, 자동차가 다닐 수 있는 전국 도로의 길이를 모두 합친 것과 비슷해. 우리 몸에서 혈관이 없는 곳은 눈의 결막과 수정체, 그리고 연골뿐이야.

 심장에서 나온 피는 대동맥에서 동맥으로, 동맥에서 모세 혈관으로 흐르면서 세포에 산소와 영양소를 전해 줘. 또 세포에서 노폐물을 받아 정맥을 따라 되돌아오는데, 도중에 두 군데를 들러.

먼저 콩팥에서 노폐물을 걸러 몸 밖으로 내보내. 그리고 허파에서 이산화탄소를 내보내고 산소를 받아 다시 심장으로 돌아오는 거야.

"피는 물보다 진하다"는 말이 있어. 혈육의 정을 빗댄 말이지만, 실제로 피 속엔 물 말고도 적혈구, 백혈구, 혈소판이라는 혈액 세포가 있지. 혈액 세포는 모두 뼈 속에서 만들어져.

피 1밀리리터마다 약 45~50억 개의 적혈구가 있으니까 몸속의 적혈구는 모두 25~28조 개쯤 돼. 이렇게 많은 적혈구가 하는 일은 산소와 이산화탄소를 실어 나르는 거야. 허파에서 산소를 받아 세포에 주고, 대신 이산화탄소를 받아 허파에서 내보내. 세포가 산소로 포도당을 태워 에너지를 얻고 나면 쓰레기로 이산화탄소가 나오거든. 적혈구는 120일쯤 살다가 간이나 지라(비장)에서 죽어.

혈액 세포 중에서 혈소판은 상처

+ 피의 주성분은 물이야

물은 다른 물질을 녹이는 능력이 매우 뛰어나서 단백질은 물론 탄수화물, 무기질 등 몸에 필요한 영양소를 잘 실어 나를 수 있어. 최초의 생명이 물에서 태어났다고 믿는 이유 중 하나가 바로 다양한 물질을 녹이는 물의 능력 때문이야.

+ 적혈구는 유연해!

가장 가는 모세 혈관은 지름이 0.003밀리미터쯤 돼. 가는 모세 혈관의 지름이 적혈구 크기인 0.007밀리미터보다 작지만, 도넛 모양의 적혈구는 유연하게 몸을 비틀며 좁은 혈관도 쑥쑥 지나가.

의 피를 굳게 해. 상처에서 피가 멈추지 않으면 그야말로 큰일 나잖아? 피 1밀리터마다 많게는 4억 개쯤 있는 혈소판이 그 일을 하는 거야.

백혈구는 암세포, 병원균 같은 해로운 것들을 처치하며 우리 몸에서 군인 역할을 해. 백혈구는 피 1밀리터마다 400만~1,000만 개쯤 있어.

몸의 어떤 부분이 빨갛게 변하고, 아프고 열나고 부어오르고 고름이 생기는 것을 염증이라고 해. 염증은 우리 몸이 암세포, 병원균 같은 것들과 싸운다는 증거야. 그렇게 싸우다 죽은 백혈구가 몸속에 고이거나 상처에서 흘러나오는 게 고름이야.

염증은 우리 몸이 어디가 어떻게 잘못됐는지 깨달았다는 증거이기도 해. 사회에도 염증이 종종 생겨. 싸움이 벌어지는 건데, 싸우는 이유는 주로 사회가 불평등하기 때문이야. 가난하거나 힘없는 사람들이 사회가 잘못됐다는 걸 깨닫고 싸우는 거지. 부자이거나 힘 있는 사람들은 되도록 싸움을 피하려고 해. 암세포가 꼭 그래.

➕ 똥이 노란색인 이유는?

산소를 나르는 적혈구는 120일쯤 사는데, 수명이 다한 적혈구의 헤모글로빈은 간에서 빌리루빈이란 물질로 분해돼. 쓸개즙은 빌리루빈이 들어 있어서 노란색을 띠지. 똥과 오줌 색깔이 노란 것도 빌리루빈 때문이야. 빌리루빈이 콩팥에서 걸러져 오줌으로 나오기도 하고, 쓸개즙에 포함된 빌리루빈이 샘창자로 들어가서 소화가 끝난 물질과 함께 똥으로 나오기도 하니까.

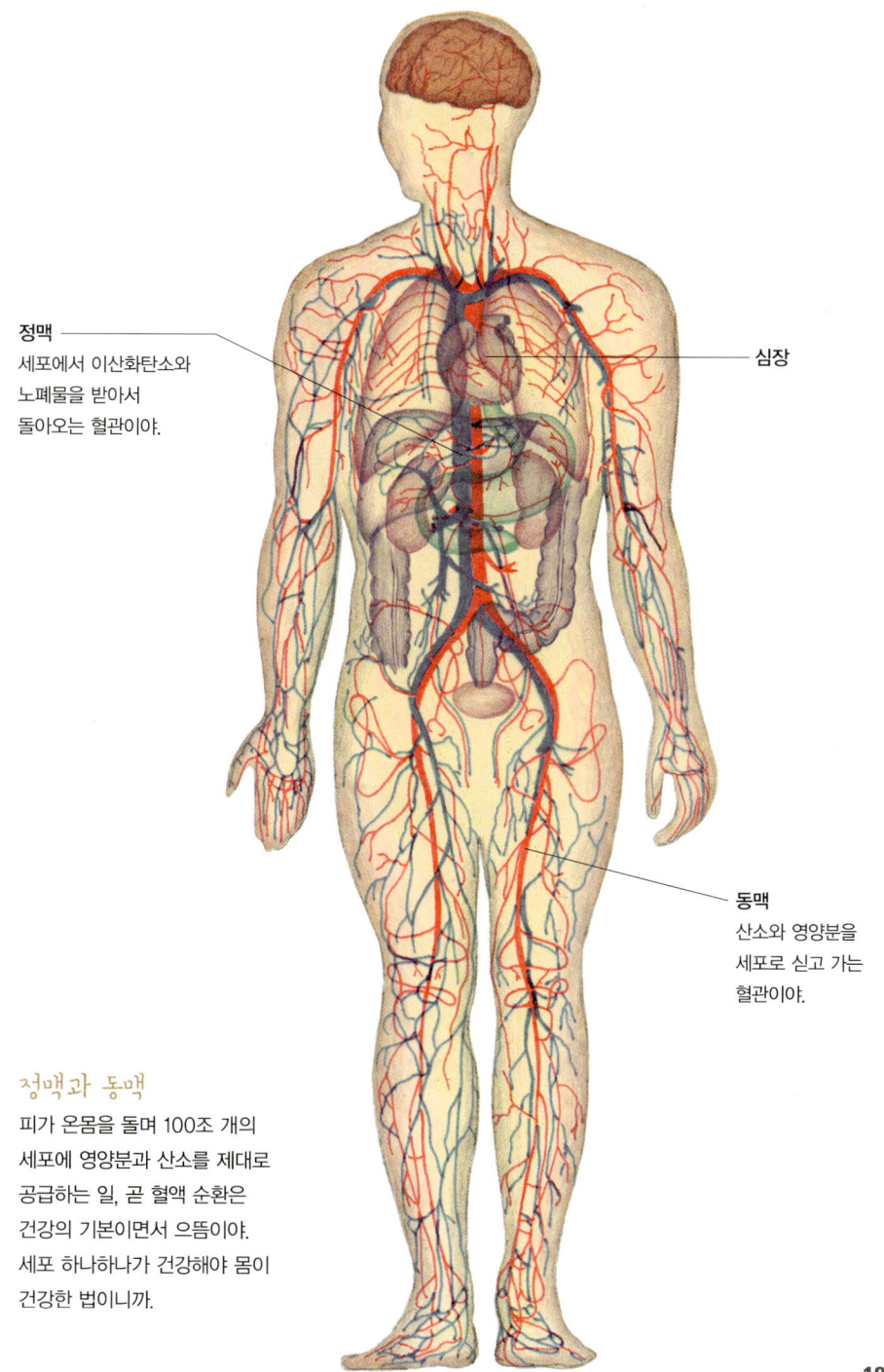

정맥
세포에서 이산화탄소와 노폐물을 받아서 돌아오는 혈관이야.

심장

동맥
산소와 영양분을 세포로 싣고 가는 혈관이야.

정맥과 동맥

피가 온몸을 돌며 100조 개의 세포에 영양분과 산소를 제대로 공급하는 일, 곧 혈액 순환은 건강의 기본이면서 으뜸이야. 세포 하나하나가 건강해야 몸이 건강한 법이니까.

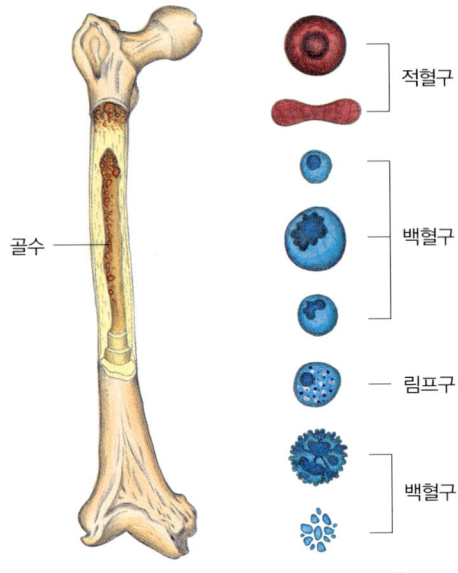

피는 대부분 뼈 속 골수에서 만들어져. 단, 엄마 배 속의 아이는 간과 지라에서 피를 만들어. 어린 시절엔 다리뼈에서도 피를 만들지만 20세가 넘으면 척추, 골반, 가슴 등 몸통의 뼈에서만 피를 만들지.

세포가 죽을 때가 됐는데도 죽지 않고, 영양소를 독차지하며 마구 자라나는 걸 암이라고 해. 암이 잘 낫지 않는 까닭은 암세포가 마치 정상 세포처럼 보이도록 속임수를 써서 백혈구의 공격을 피하기 때문이야.

암세포가 자라는데도 백혈구가 속아서 잠잠하듯, 사회가 불평등한데 싸움 없이 조용하다는 건 잘 속이고 있고 잘 속고 있다는 뜻이기도 하지.

반대로 백혈구가 우리 몸의 세포를 적으로 잘못 알고 공격하는 경우가 있어. 이걸 자가면역질환이라고 하는데, 많은 어린이를 괴롭히는 천식과 아토피 피부염이 그런 거야. 이젠 상식이 된 이야기지만, 아토피 피부염은 도시의 아파트를 떠나 시골에 살면서 인스턴트 식품을 안 먹으면 대부분 나아. 아파트와 인스턴트 식품 속엔 현대 문명이 감춰 둔 오염 물질이 잔뜩 들어 있거든.

쉬지 않고 일하는 심장

사람의 심장은 1분에 60~100번 뛰어. 80년을 산다면 25억 번쯤 뛰는 거지. 피를 뿜어내려고 심장이 뛰는 것을 심장 박동이라고 하는데, 동물의 세계에서는 심장 박동이 빠를수록 수명이 짧아.

심장 박동이 1분에 10번인 바다거북은 177년을 살지만, 1분에 600번인 쥐는 길어야 5년밖에 못 살아.

포유동물의 심장 박동은 동물의 종류에 상관없이 일정하다는 이야기도 있어. 70년쯤 사는 코끼리든 5년도 못 사는 쥐든 평생 15억 번 뛴다는 거야. 심장 박동은 물론 호흡도 평균 5억 번으로 같다고 해.✚ 쥐는 헐떡헐떡 살아가고 코끼리는 느릿느릿 살아가는 거지.

아무튼 심장은 생명을 상징하는 기관이야. 그리스 철학자 아리스토텔레

> ✚ **무거울수록 오래 살아**
> 동물의 수명은 몸무게가 적게 나갈수록 짧고, 산소 소비량이 클수록 짧다는 말이 있어. 쉽게 말해서 몸무게 60킬로그램인 사람이 산소를 평균 100만큼 쓰고, 몸무게 10킬로그램인 개도 산소를 평균 100만큼 쓴다면, 개의 수명은 10킬로그램/60킬로그램, 곧 사람의 6분의 1밖에 안 된다는 거지.

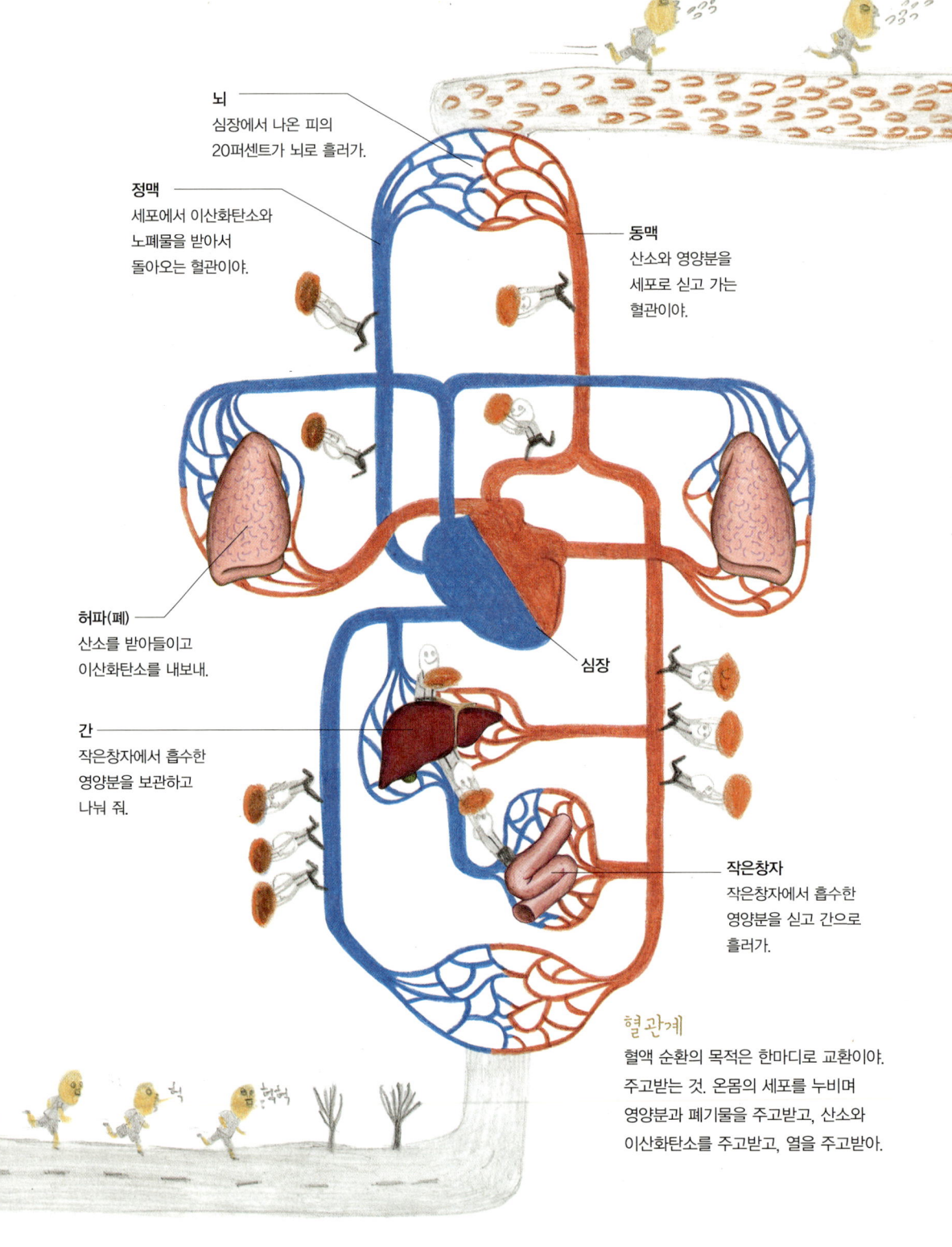

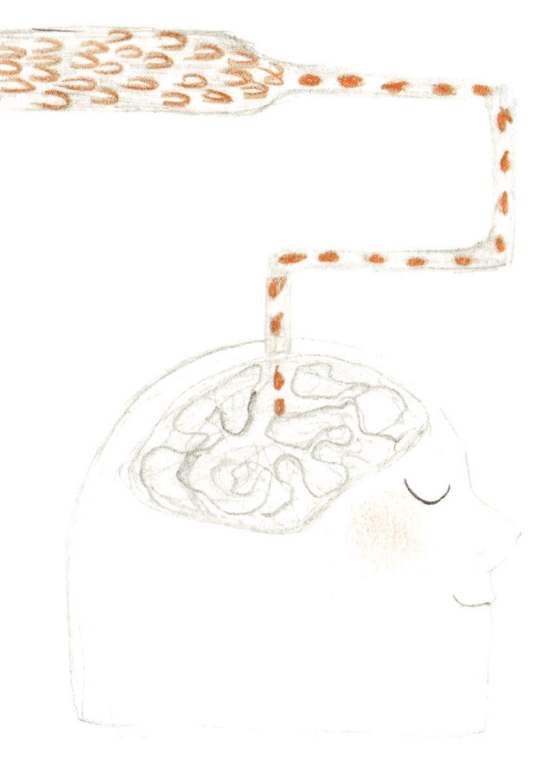

스는, 생명은 첫 심장 박동으로 시작해서 마지막 심장 박동으로 끝난다고 했어.

심장은 1분에 평균 70번씩, 하루에 10만 번 뛰면서 피를 순환시켜. 힘든 일을 하거나 운동을 할 때 심장은 1분에 200번까지 뛰면서 더 많은 피를 순환시키지.✢

그런데 신기한 일은 숨이 턱에 차도록 운동을 해서 심장이 뿜어내는 피가 늘어나도 뇌로 흐르는 피의 양은 거의 일정하다는 거야. 우리 몸은 뇌의 피 흐름을 가장 먼저 조절한다는 뜻이지. 뇌의 피 흐름이 늘어날 때는 뇌가 일할 때, 곧 생각을 할 때야.

잠을 자도 소화가 되는 이유는 잠들지 않는 자율 신경이 내장을 조종하기 때문이라고 했잖아? 심장 박동도 다른 내장들처럼 자율 신경이 조절해.

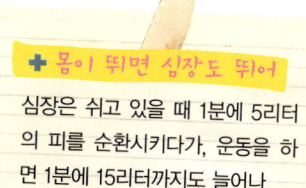

✢ 몸이 뛰면 심장도 뛰어
심장은 쉬고 있을 때 1분에 5리터의 피를 순환시키다가, 운동을 하면 1분에 15리터까지도 늘어나.

107

내 가슴의 산소 공장, 허파

우리가 허파(폐)로 들이쉬는 공기엔 질소가 78퍼센트, 산소가 21퍼센트, 이산화탄소가 0.03퍼센트 들어 있어. 내쉬는 공기엔 질소가 79퍼센트, 산소가 16퍼센트, 이산화탄소가 5퍼센트의 비율로 들어 있지. 산소와 이산화탄소 비율이 달라지는 거야.

어른의 허파는 한 번에 0.5리터의 공기를 들이쉬어.✛ 힘든 일이나 운동을 할 때는 숨 쉬는 공기 양이 20배로 늘어나기도 해. 우리가 내쉬는 공기엔 몸속에서 나온 수증기도 포함돼 있어. 숨을 쉬면서 우리는 하루에 두 컵쯤 되는 물을 내보내지.

허파 속엔 6억 개의 허파꽈리(폐포)가 있어. 허파꽈리는 피와 공기가 만나는 주머니인데, 이곳을 통해 산소와 이산화탄소가 우리 몸을 드나들어.

허파꽈리는 포도송이처럼 생겨서 공기와 닿는 표면적이 넓어진 거야. 쫙 펴서

> **✛ 하루 동안 숨 쉬는 양**
> 사람은 1분에 평균 12번 숨을 쉬니까 하루에 6만 리터의 공기를 들이쉬고 내쉬는 셈이지. 가로, 세로, 높이가 각각 4미터쯤 되는 정육면체의 부피와 같아.

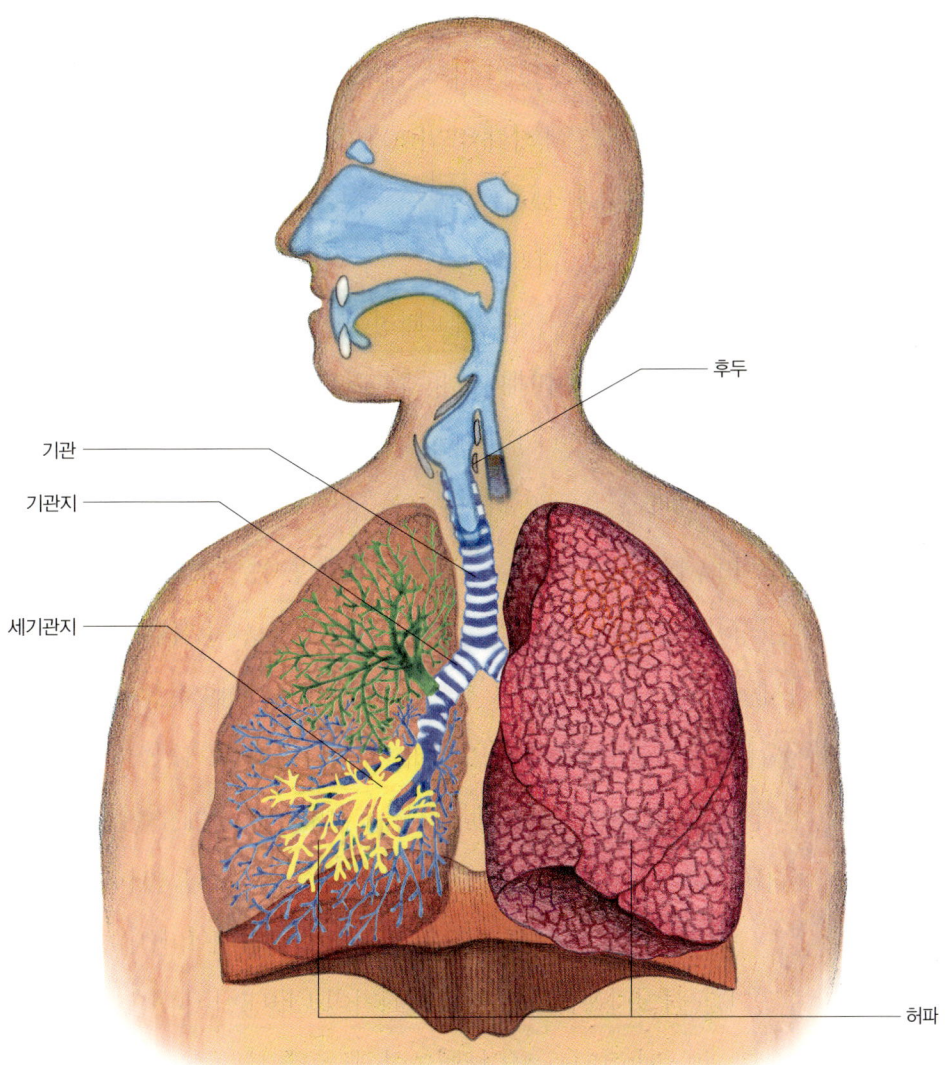

호흡기

죽었다는 말을 달리, '숨졌다.', '숨을 거두었다.'라고 해. 숨은 살아 있다는 가장 확실한 증거이니까. 우리 몸에 꼭 필요한 물질이면서 사람의 생사를 가장 빨리 갈라 버리는 물질이 바로 산소거든. 하지만 우리는 산소의 존재를 잊고 살 때가 많아.

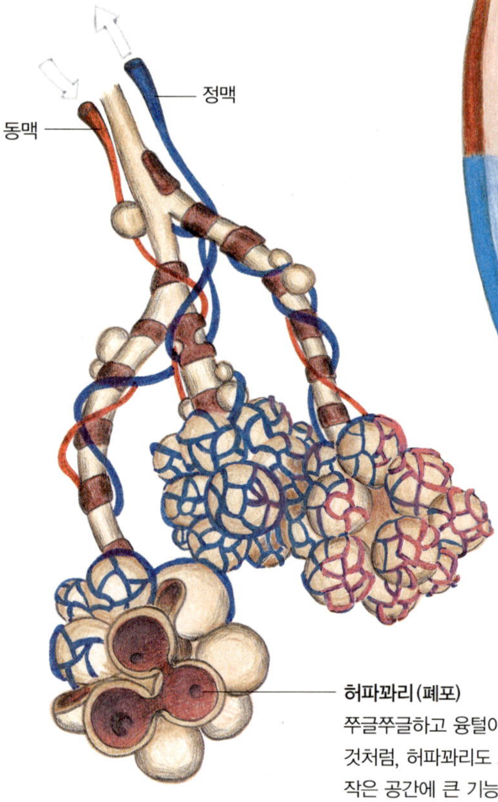

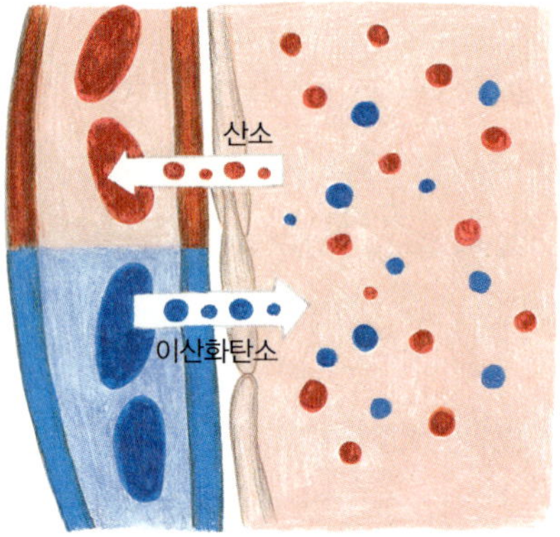

동맥
정맥

교환
산소가 혈관으로 들어오고
이산화탄소가 혈관 밖으로 나가.

허파꽈리(폐포)
쭈글쭈글하고 융털이 돋은 작은창자가 그런
것처럼, 허파꽈리도 포도송이처럼 생겨서
작은 공간에 큰 기능을 담고 있어.

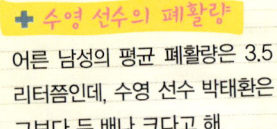

+ 수영 선수의 폐활량
어른 남성의 평균 폐활량은 3.5
리터쯤인데, 수영 선수 박태환은
그보다 두 배나 크다고 해.

펼쳐 놓으면 넓이가 테니스장만 할 거
야. 허파가 한껏 들이쉴 수 있는 공기의
양을 폐활량이라고 해.+

분리수거와 재활용을 하는 콩팥

콩팥은 피 속의 노폐물을 걸러 몸 밖으로 내보내는 기관이야.✚ 쓰레기 안 나오는 집은 없듯, 우리 몸에서도 영양소를 이용하고 나면 반드시 노폐물이 생겨.

우리 몸엔 두 개의 콩팥이 있어. 그래서 병으로 둘 중 하나를 잃거나 다른 사람에게 기증해도 나머지 하나로 건강하게 살아갈 수 있어.

콩팥은 하루에 1,500리터의 피를 걸러 오줌 원액 180리터를 만들어. 오줌 원액은 아직 오줌이 아니야. 180리터면 드럼통 부피인데 사람이 그렇게 많은 오줌을 누려면 온종일 화장실을 들락거려야 해. 오줌 원액 180리터엔 노폐물뿐만 아니라 우리 몸이 이용할 수 있는 포도당, 무기질, 비타민 같은 영양소가 잔뜩 들어 있어. 콩팥은 180리터의 오줌 원액에서 99퍼센트의 물과 영양소를

> ✚ **콩팥으로 들어가는 피의 양**
> 혈관으로 순환시키는 피의 양은 7,000리터쯤 돼. 자기 주먹만 한 크기의 심장이 하루에 35드럼이나 되는 피를 뿜어내는 거야. 심장에서 나온 피의 20퍼센트는 콩팥으로 들어가.

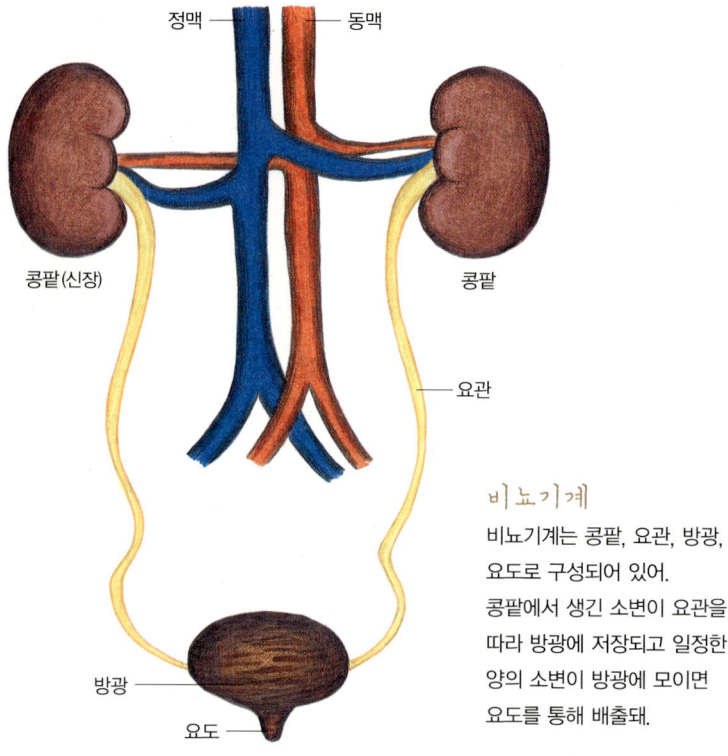

비뇨기계

비뇨기계는 콩팥, 요관, 방광, 요도로 구성되어 있어. 콩팥에서 생긴 소변이 요관을 따라 방광에 저장되고 일정한 양의 소변이 방광에 모이면 요도를 통해 배출돼.

피 속으로 다시 흡수해서 재활용하게 해.✚

   콩팥이 두 개라는 건 그만큼 병이 나기 쉽다는 뜻이기도 해. 콩팥은 달리 신장이라고도 하는데, 신장병은 고혈압과 형제 사이로 통해. 콩팥은 피를 거르는 아주 섬세한 필터야. 그런데 고혈압, 곧 피의 압력이 높으면 필터가 쉽게 찢어져서 망가지는 거지.

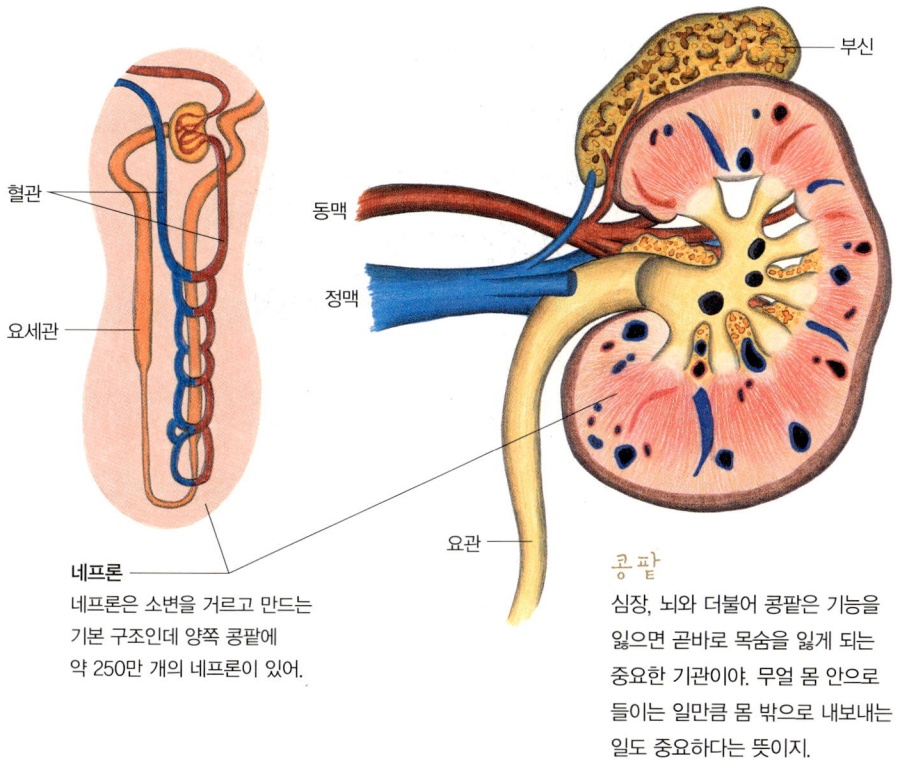

네프론
네프론은 소변을 거르고 만드는 기본 구조인데 양쪽 콩팥에 약 250만 개의 네프론이 있어.

콩팥
심장, 뇌와 더불어 콩팥은 기능을 잃으면 곧바로 목숨을 잃게 되는 중요한 기관이야. 무얼 몸 안으로 들이는 일만큼 몸 밖으로 내보내는 일도 중요하다는 뜻이지.

고혈압은 옛날엔 나이 든 어른들이나 걸리는 병이었어. 하지만 요즘은 패스트푸드, 과자, 육류를 너무 많이 먹어서 어린이와 청소년 고혈압 환자도 적지 않아. 당연히 신장병을 앓는 어린이도 늘어 가고 있지.

✚ 진짜 오줌의 양

방광을 통해 진짜 오줌으로 나가는 양은 오줌 원액의 1퍼센트인 1.8리터뿐이야. 이렇게 나온 오줌 색으로 간의 건강을 살피기도 해. 오줌 색이 노란데, 용기에 담아 흔들어서 거품까지 노랗다면 십중팔구 간에 이상이 생긴 거야.

36.5도를 지켜라

사람은 음식 없이 3주밖에 견디지 못해. 그런데 악어는 음식 없이 1년이나 살 수 있어. 사람과 악어는 무엇이 어떻게 달라서 이런 차이가 나는 걸까?

사람과 악어의 가장 큰 차이는 바로 체온이야. 사람은 체온이 일정한 정온 동물이야. 악어는 체온이 변하는 변온 동물이고. 더운 여름이든 추운 겨울이든 사람의 체온은 늘 섭씨 36.5도지. 악어는 주위 환경에 따라 체온이 오르기도 하고 내리기도 해. **사람은 체온을 36.5도로 유지하려고 음식에서 섭취한 영양소를 끊임없이 태우는 살아 있는 난로야.** 악어는 체온이 낮을 때에도 몸속의 영양소를 태우기보다는 햇볕을 쬐지.

사람 같은 정온 동물은 에너지 소비가 많은 대신 겨울이든 여름이든, 더운 낮이든 추운 밤이든 자유롭게 활동할 수 있어. 하지만 악어 같은 변온 동물은 에너지 소비는 적지만 추울 때는 햇볕을 쬐어서 체온을 높인 다음에나 활동할 수 있어. 그래서 겨울엔 겨울잠, 여름엔

여름잠을 자기도 해.

　피는 혈관을 따라 흐르며 몸 구석구석으로 열을 실어 날라. 우리 몸 중심부의 온도가 섭씨 30도보다 낮아지거나 40도보다 높아지면 탈이 나고 심지어 죽을 수도 있어.

　우리 몸에서 열은 간, 심장 같은 내장과 골격근이 주로 만들어. 피가 이 열을 흡수해서 몸 구석구석에 나누어 주는 거야. 날씨가 덥거나 운동을 하거나 해서 체온이 높아지면 피부 쪽으로 흐르는 피가 늘어

나. 그러면 피의 열이 피부를 통해 밖으로 빠져나가고 체온이 내려가는 거야.

우리 몸은 전체 에너지의 절반 이상을 체온을 유지하는 일에 사용해. 새도 정온 동물인데, 작은 새들은 추운 겨울밤을 보내느라 자기 몸무게의 3분의 1가량을 태워 에너지로 쓰기도 해. 그래서 작은 새들은 새벽부터 먹이를 찾아 종일 바삐 움직여야 해. 지난밤에 잃은 체중 3분의 1을 낮 동안 채워야 다시 겨울밤을 견딜 수 있거든.✚

덩치가 클수록 추운 곳에서 체온을 유지하는 게 더 유리해. 농구공과 배구공을 비교해 봐. 지름이 2배 큰 농구공의 부피는 배구공보다 8배나 크지만, 표면적은 4배만 커. 그래서 농구공과 배구공이 생물이라면, 배구공이 농구공보다 피부로 잃는 열은 훨씬 많은 거지.

그래서 추운 지방 동물은 덩치가 큰 편이야. 같은 호랑이라도 더운 인도호랑이보다 추운 시베리아 호랑이 덩치가 훨씬 커.✚

> **✚ 체온이 일정해서 어디에서든 살 수 있어**
> 지구 모든 동물 중에서 포유류와 조류만 정온 동물이야. 정온 동물의 몸은 에너지 소비가 심하지만, 아주 뜻깊은 장점이 하나 있어. 체온이 일정해서 지구 어디에서든 살 수 있다는 거야.

> **✚ 덩치가 크면 너무 더워!**
> 더운 지방에선 덩치가 크면 불리할 때가 많아. 열을 내보내는 피부 표면적이 부피에 비해 적으니까 쉽게 더위를 느끼지. 그래서 아프리카 코끼리의 피부는 몹시 쭈글쭈글해서 표면적을 넓히는 효과가 있어. 또 큰 귀를 펄럭거리며 바람을 일으켜 몸을 식히기도 해.

산소! 약일까, 병일까?

피는 허파에서 산소를 받아 세포에 나눠 줘. 또 세포에서 이산화탄소를 받아 허파를 통해 몸 밖으로 내보내. 허파는 우리가 숨을 쉴 수 있게 도와주는 산소 공장이야.

<mark>산소를 싫어하거나 산소 없이 살아갈 수 있는 몇몇 박테리아를 빼고 지구의 모든 생물은 산소가 있어야 에너지를 얻을 수 있어.</mark> 식물도 마찬가지야. 식물은 광합성으로 지구의 산소를 만드는 일등공신이지만, 식물도 산소로 포도당을 태워서 필요한 에너지를 얻어. 산소는 정말 생명의 기체야.

처음 생명체가 나타났을 때 지구엔 산소가 거의 없었어. 식물과 플랑크톤의 광합성으로 산소 농도가 차츰 높아진 거야. 그러다가 산소를 이용하는 생명체가 나타나더니 점점 수를 늘려 지금은 거의 모든 생명체가 산소를 이용해서 에너지를 얻어.

이처럼 산소는 살아가는 데 꼭 필요한 물질이지만, 독성을 지닌 물질이기도 해. 지구의 모든 생물은 산소가 포도당만 태우고, 세포 같은 다른 조직을 태우지 못하도록 조심조심 다뤄. 하지만 운동 선수처럼 늘 숨을 가쁘게 들이쉬는 사람은 몸속에서 남아도는 산소의 공격을 받아 일찍 늙게 돼. 산소는 생명의 기체이면서 죽음의 기체이기도 한 거지. 운동을 하지 않는 것보다 운동을 하는 것이 건강에 훨씬 이롭지만, 뭐든 적당히 하는 게 가장 좋아.

대부분의 생물은 감각 기관을 가지고 있어.
촉각, 냄새, 빛, 소리, 맛, 온도……. 생물은 감각 기관으로
외부 환경의 자극을 받아들이고 그에 따라 반응해.
광합성을 하는 식물은 빛이 비치는 쪽으로
줄기와 잎이 자라고, 바퀴벌레는 빛이 비치면
화들짝 놀라서 어두운 곳으로 몸을 피하지.
초식 동물은 감각 기관을 총동원해서 맹수의 냄새, 소리,
움직임을 살펴. 맹수는 자기 냄새, 소리, 움직임을
감추려고 무진 애를 쓰지. 동물의 움직임이란
곧 외부 환경의 자극에 반응하는 거야.

자극적인 삶

옛날과 비교해서 현대 사회의 특징은 빠른 변화와 치열한 경쟁이야. 내신, 입시, 취업으로 이어지는 경쟁은 하도 치열해서 요즘 어린 시절은 대여섯 살에 끝난다고 해. 일상이 돼 버린 변화와 경쟁 때문에 현대인이 받는 스트레스는 앞서 지구에서 살다 간 어느 선조도 겪지 못한 일이야.

의사들은 흔히 만병의 근원은 스트레스라고 해. 사실 스트레스는 몸에 가해지는 외부 환경의 자극이야. 눈, 코, 귀, 입, 피부 등 우리 몸의 감각 기관을 자극하는 모든 것이 스트레스니까 세상에 스트레스가 아닌 것은 없어. 내가 조심스레 건넨 말, 내가 다소곳하게 한 행동, 심지어 내 모습조차 남에겐 일종의 스트레스가 될 수 있다는 거지.

가장 큰 스트레스로 흔히 배우자의 죽음을 꼽아. 오랜 세월을 함께 살아온 남편, 아내의 죽음 말이야. 할머니가 돌아가시자마자 할아버지가 따라 돌아가시는 경우가 종종 있어. 스트레스가 할아버지를 병들게 하거나 할아버지의 병을 악화시킨 거지. 요즘 어린이들은 공부

스트레스와 잔소리 스트레스를 피하기 어려워. 그러다 보니 몸과 마음이 병든 어린이가 몇십 년 전보다 몇 배나 늘었어.

그러면 스트레스, 곧 외부 환경의 자극이 없으면 편하기만 할까? 이미 오래전에 여러 학자들이 외부 환경의 자극, 곧 스트레스 없이 생활하는 실험을 했어. 아무도 없는 조용하고 편안한 방에서 혼자 빈둥거리는 실험이지. 실험 결과는, 그런 방에선 며칠도 못 견딘다는 거야. 실험에 참여한 사람들은 시간이 흐를수록 불안해하더니, 며칠이 지나자 헛것을 보는 등의 정신 이상 증세가 나타나서 서둘러 실험을 마쳤어.✚

대부분의 생물은 감각 기관을 가지고 있어. 촉각, 냄새, 빛, 소리, 맛, 온도……. 생물은 감각 기관으로 외부 환경의 자극을 받아들이고 그에 따라 반응을 해. 광합성을 하는 식물은 빛이 비치는 쪽으로 줄기와 잎이 자라고,

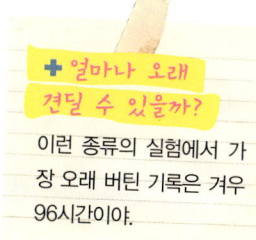

✚ 얼마나 오래 견딜 수 있을까?
이런 종류의 실험에서 가장 오래 버틴 기록은 겨우 96시간이야.

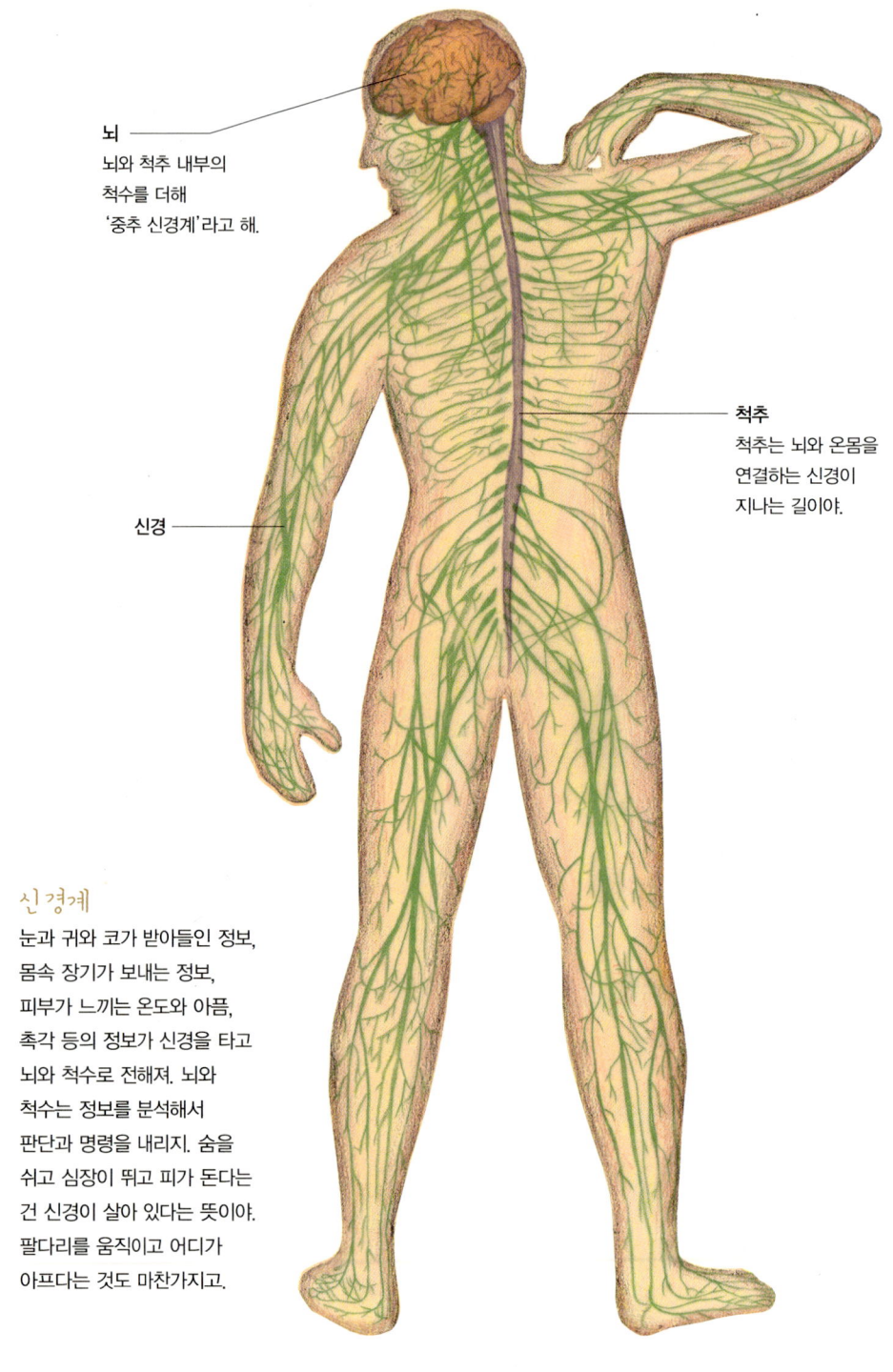

뇌
뇌와 척추 내부의
척수를 더해
'중추 신경계'라고 해.

척추
척추는 뇌와 온몸을
연결하는 신경이
지나는 길이야.

신경

신경계
눈과 귀와 코가 받아들인 정보,
몸속 장기가 보내는 정보,
피부가 느끼는 온도와 아픔,
촉각 등의 정보가 신경을 타고
뇌와 척수로 전해져. 뇌와
척수는 정보를 분석해서
판단과 명령을 내리지. 숨을
쉬고 심장이 뛰고 피가 돈다는
건 신경이 살아 있다는 뜻이야.
팔다리를 움직이고 어디가
아프다는 것도 마찬가지고.

바퀴벌레는 빛이 비치면 화들짝 놀라서 어두운 곳으로 몸을 피해. 다 살아남으려는 몸부림이지.

초식 동물은 감각 기관을 총동원해서 맹수의 냄새, 소리, 움직임을 살펴. 맹수는 자기 냄새, 소리, 움직임을 감추려고 무진 애를 쓰지. 동물의 움직임이란 곧 외부 환경의 자극에 반응하는 거야.

생물은 외부 환경에 맞추어 자기 몸의 설계를 바꾸어 왔어. 그런 걸 진화라고 해. 기후가 추워지면 같은 들소라도 털이 많은 녀석이 살아남을 확률이 높아져.✤

수백만 년 전 아프리카의 기후가 바뀌어 숲이 사라지고 초원이 늘어나자 나무에서 살던 유인원이 땅으로 내려왔어. 그들은 땅에서 멀리 보고, 그리하여 빨리 쫓고 빨리 달아나려고 직립 보행을 하게 되었지. 또 그들은 사냥을 하고 맹수와 맞서려고 집단생활을 하게 됐고, 집단생활을 잘하려고 말과 생각을 하게 됐어.

우리 몸, 우리 마음은 수백만 년 동안의 외부 환경의 자극, 곧 스트레스가 만든 거야. 정치, 경제, 사회, 문화, 모든 면에서 현대인은 이전 세대하곤 다른 종류의 스트레스를 받고 있어. 오늘날의 스트레스는 먼 훗날 인간의 모습을 어떻게 바꾸어 놓을까?

> ✤ **매머드와 코끼리**
> 매머드는 빙하기가 만든 코끼리, 아니 빙하기에 맞춰 자기 몸의 설계를 바꾼 코끼리야.

냄새 맡기

사람의 코는 적어도 수천 가지의 냄새를 구별해. 모든 냄새는 기체의 냄새야. 식초 냄새를 맡으려면 병뚜껑을 열어서 식초를 공기 중으로 증발시켜야 해. 유리는 증발하지 않으니까 유리 냄새는 맡을 수 없어.

사람의 코가 모든 물질의 냄새를 맡는 건 아니야. 코끼리는 몇 킬로미터 떨어진 곳의 물 냄새를 맡지만 사람은 비를 맞으면서도 물 냄새를 맡지 못해.

코가 아주 예민한 사람은 공기 분자 1조 개 속의 식초 분자 한 개를 냄새로 구별할 수 있어. 26만 가마니만큼의 쌀 알갱이 속에 섞인 보리 한 알갱이를 찾아내는 거나 마찬가지야. 대단한 능력이긴 하지만, 사실 공기 분자 1조 개 속에 식초 분자 한 개가 있다면 공기 1리터 속엔 무려 270억 개의 식초 분자가

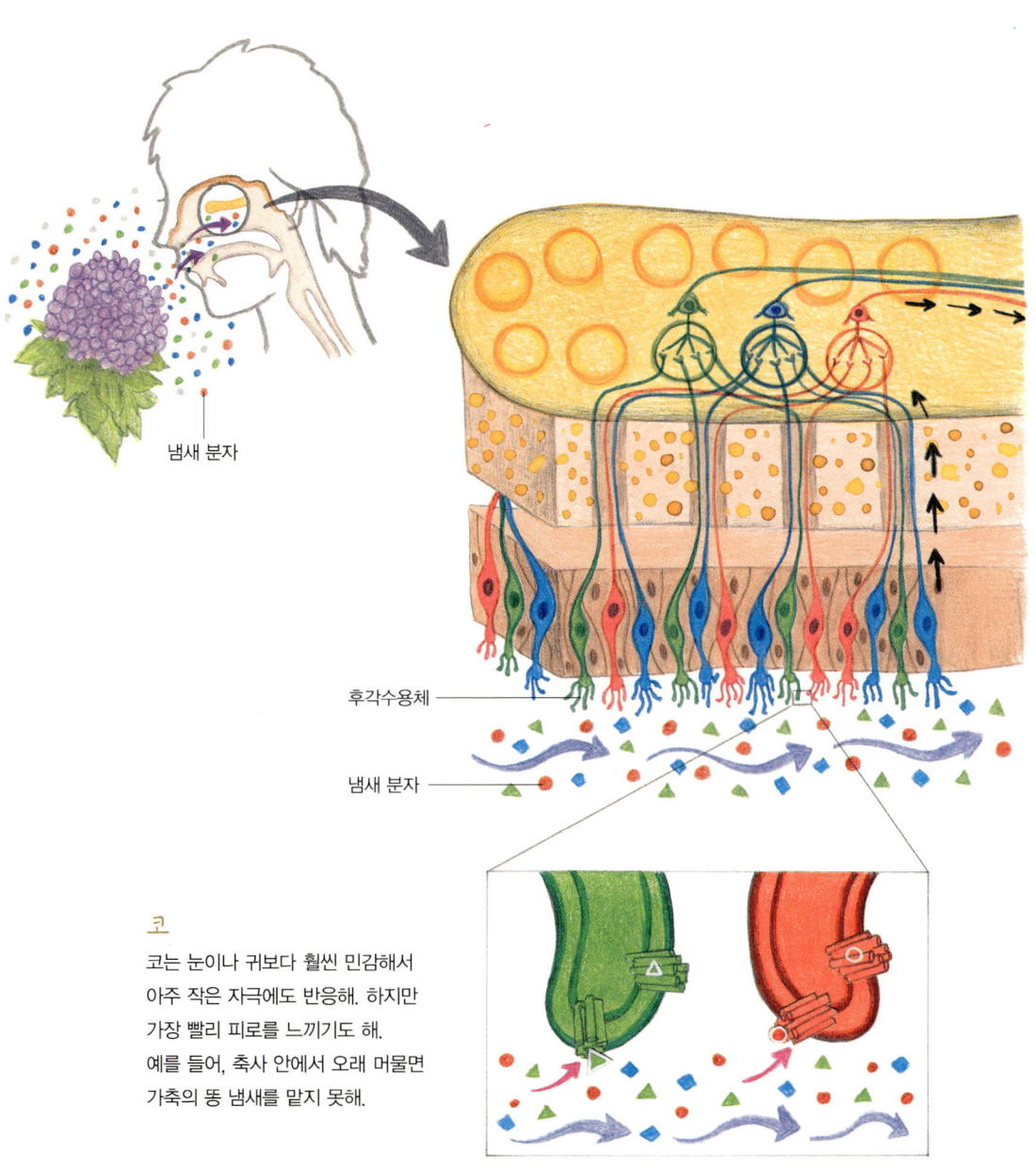

냄새 분자

후각수용체

냄새 분자

코

코는 눈이나 귀보다 훨씬 민감해서 아주 작은 자극에도 반응해. 하지만 가장 빨리 피로를 느끼기도 해. 예를 들어, 축사 안에서 오래 머물면 가축의 똥 냄새를 맡지 못해.

있는 셈이야. 바꿔 말하면 1리터의 공기 속에 적어도 수백억 개의 분자가 있어야 간신히 냄새를 맡을 수 있다는 뜻이지. 그게 향기로운 꽃 냄새든 퀴퀴한 방귀 냄새든 말이야.✚

양쪽 콧구멍 안쪽 천장에 1,000여 개의 후각수용체가 엄지손톱만한 넓이로 옹기종기 모여 있어. 후각수용체는 냄새를 맡는 세포야. 한 개의 후각수용체는 2~3가지 냄새를 맡을 수 있어. 이를테면 불고기 냄새와 식초 냄새를 맡는 후각수용체가 각각 따로 있다는 거지. 각각의 후각수용체마다 맡을 수 있는 냄새가 몇 가지씩 정해져 있다는 거야.

다른 동물에 비해 사람이 냄새 맡는 능력은 무척 뒤떨어져.✚ 언젠가부터 그 능력이 점점 떨어졌지.

초라하게 퇴화하긴 했지만 사람의 오감인 시각, 청각, 미각, 촉각, 후각 중에서 후각의 기억, 곧 냄새의 기억이 가장 오래 남아. 우연히 어떤 냄새를 맡았는데, 캄캄한 방에서 갑자기 전등을 켜듯 먼 옛날의 기억이 되살아난 경험이 있을 거야.

✚ 나이가 들수록 냄새를 잘 못 맡아

나이가 들수록 냄새 맡는 능력이 떨어져. 갓난아이의 능력이 100이라면 20세 땐 80, 60세 땐 40, 80세 땐 30까지 떨어져. 냄새 맡는 능력이 떨어진 사람은 같은 음식을 먹더라도 맛이 없게 느껴져. 나이가 들수록 세상에서 맛있는 음식이 점점 사라지는 거야.

✚ 그래서 개코야!

사람의 냄새 맡는 능력이 1이라면 개의 능력은 적어도 100에서 10,000은 돼.

보기

우리 눈과 가장 비슷한 기계는 카메라야. 카메라의 원리와 구조는 눈과 거의 같아. 사람뿐만 아니라 등뼈를 지닌 척추동물의 눈은 다 카메라처럼 생겼어.

하지만 눈으로 무엇을 보려면 카메라엔 없는 과정이 하나 더 필요해. 카메라에서는 렌즈를 통과한 빛이 필름에 기록돼. 카메라의 필름 역할을 하는 것은 눈의 망막이야.✚ 망막에 빛이 닿으면 망막에 퍼져 있는 시세포들이 화학, 전기 신호를 뇌로 전달해. 무얼 본다는 것은 망막의 시세포가 보낸 화학, 전기 신호를 가지고 뇌가 그림을 그리는 거야. 전자와 화학 물질의 분자들이 뇌에서 그림으로 바뀌는 거지. 그래서 보는 것은 눈이라기보다는 오히려 뇌에 가까워. 개가 우연히 사람의 눈을 가지고 태어난다 해도 사람처럼 볼 수는 없다는 뜻이야. 뇌가 다르니까.

✚ **눈과 카메라의 대결**

사람 눈의 망막엔 1억 3,000만 개의 시세포가 있어. 시세포의 수는 디지털카메라 이미지 센서의 화소 수로 보면 돼. 요즘 디지털카메라의 이미지 센서가 대개 1,000~2,000만 화소니까 눈의 시세포가 훨씬 많지.

"보는 것이 믿는 것이다."라는 서양 속담이 있잖아? 눈으로 봐야 확실히 믿게 된다, 또는 눈으로 보면 믿게 된다는 뜻인데, 사실 내가 본 것은 무얼 보았다는 내 믿음이야. 내가 본 것은 뇌가 그린 그림이니까. 가끔 같은 사건을 본 사람들이 서로 다른 믿음을 갖기도 해. 같은 사건을 보고 서로 다른 그림을 그린 셈인데, 그래서 싸움이 일어나기도 하지.

우리 몸엔 감각 세포란 것이 있어. 눈엔 빛을 느끼는 감각 세포가 있고, 귀엔 소리를 느끼는 감각 세포가 있고, 혀엔 맛을 느끼는 감각 세포가 있고, 피부엔 통증과 온도와 압력 등을 느끼는 감각 세포가 있어. 우리 몸의 모든 감각 세포 중에서 70퍼센트는 빛을 느끼는 감각 세포, 곧 눈 속의 감각 세포야. 달리 말하면, 우리 뇌는 생각과 판단을 하면서 주로 눈이 받아들인 정보, 곧 시각에 의존한다는 뜻이지.

우리는 걷거나 심지어 뛰면서도 책을 읽을 수 있어. 춤추듯 카메라를 마구 흔들면서 사진을 찍었는데, 선명하게 잘 나온 것과 같아. 귀가 도움을 주어서 이런 일이 가능한 거야. 귀 속의 반고리관이 머리의 움직임을 느끼면 소뇌로 전달하고, 소뇌는 머리가 움직이는 반대 방향으로 안구를 움직여. 정말 대단한 기능이지. 어설프긴 하지만, 디지털카메라에도 비슷한 원리로 손 떨림을 방지하는 기능이 있어.

빨강, 파랑, 초록을 빛의 삼원색이라고 해. 고화질 텔레비전은 가로 1,920개, 세로 1,080개의 점으로 영상을 만드는데 각각의 점은 빨강, 파랑, 녹색의 세 조각이 합쳐진 거야. 세 가지 색을 적절히 섞어서 수십만 가지 색을 만들어 내. 우리 눈에도 빨강, 파랑, 초록을 느끼는 세 가지 원추 세포가 있어. 모든 포유류 중에서 오직 영장류만 세 가지 원추 세포를 다 가지고 있어. 개나 소는 적색과 녹색을 구별하지 못하는 적록 색맹이야. 나무 위에서 살아가는 영장류는 과일을 무척 좋아해. 빨강과 초록을 구별하는 능력은 잘 익은 과일을 찾는

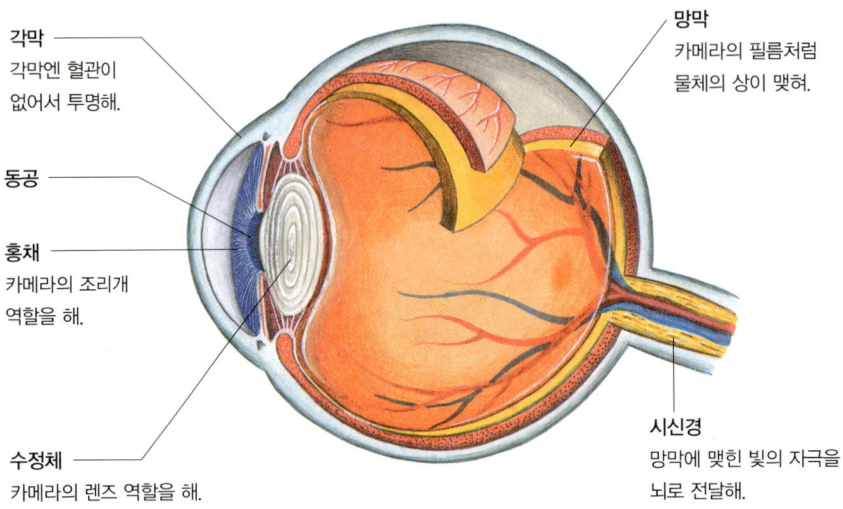

각막
각막엔 혈관이 없어서 투명해.

동공

홍채
카메라의 조리개 역할을 해.

수정체
카메라의 렌즈 역할을 해.

망막
카메라의 필름처럼 물체의 상이 맺혀.

시신경
망막에 맺힌 빛의 자극을 뇌로 전달해.

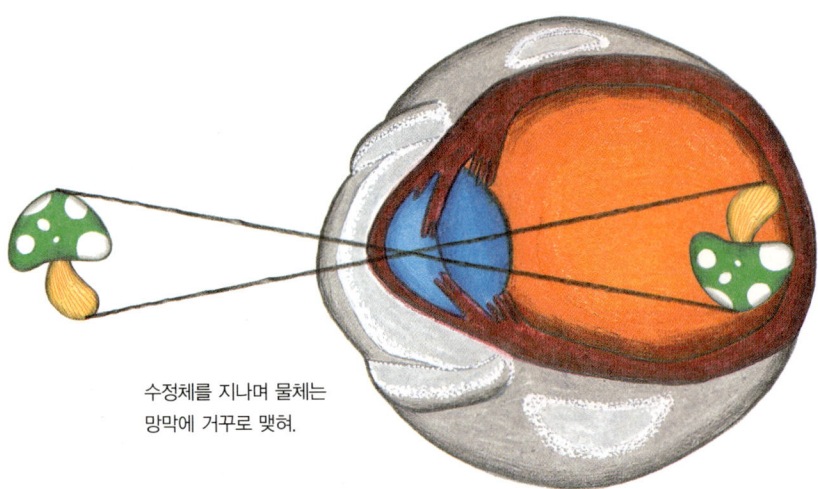

수정체를 지나며 물체는 망막에 거꾸로 맺혀.

시각

해부학에서는 눈을 뇌의 일부로 봐. 뇌의 일부가 변해서 눈이 됐다는 거야. 마음과 가장 가까운 기관이 뇌라면, 눈이 마음의 창이라는 말도 일리가 있는 거지.

데 큰 도움이 돼. 초록색 풋과일은 맛이 떫거나 쓰고 심지어 독을 품고 있기도 하거든.

사람은 다른 동물들에 비해 눈이 무척 밝은 편이야.✛ 사람보다 눈이 밝은 동물은 독수리나 매 같은 몇 종류의 새뿐이지. 하지만 갓난아이는 시력이 몹시 약해. 20센티미터 앞의 사물을 간신히 볼 수 있을 정도야. 그래서 갓난아이는 냄새로 엄마를 구별해. 태어난 지 1개월이 지나면 50~60센티미터 앞의 사물을 보게 돼. 어른처럼 완전한 시력을 갖게 되는 때는 6~7세 무렵이야.

그러다 나이가 들면 당연히 눈도 늙어. 나이가 들수록 가까운 사물을 못 보게 되지. 10세 때는 8센티미터 앞의 사물을 선명하게 볼 수 있어. 20세 땐 최소한 10센티미터는 떨어져야 사물을 선명하게 볼 수 있고, 40세 땐 20센티미터로 멀어져. 이 거리가 갑자기 멀어지는 걸 흔히 노안이 왔다고 해. 노인들이 책이나 신문을 멀찌감치 놓고 보는 까닭이 바로 노안 때문이야.

✛ 눈이 투명한 까닭은?
눈의 가장 바깥쪽 표면을 각막이라고 하는데 혈관이 없어. 그래서 투명한 거야. 각막은 공기 중에서 산소를 얻어.

듣기

귀는 바깥귀, 가운뎃귀, 속귀, 이렇게 세 부분으로 나눌 수 있어. 바깥귀의 귓바퀴는 깔때기처럼 소리를 모아서 가운뎃귀의 고막으로 전달해. 두 손을 깔때기처럼 모아서 귀에 대 봐. 조금 전까진 안 들리던 소리가 들릴 거야.

늘 귓바퀴를 이리저리 움직이며 천적이 다가오는지 살피는 동물이 많아.[+] 사람도 귓바퀴를 조금 움직일 수 있지만 근육이 거의 퇴화됐어. 귓바퀴의 근육만 퇴화한 게 아니라 소리를 듣는 능력도 점점 약해졌지. 사람은 귀나 코보다는 주로 눈에 의존하는 동물이야.

바깥귀에서 귓구멍으로 들어온 소리는 가운뎃귀의 입구인 고막을 떨게 해. 귀청이라고도 하는 고막은 두께가 겨우 0.1밀리미터인 얇은 막이야. 달걀 껍데기를 벗기면 나오는 얇은 막의 두께가 고막과 비슷해. 고막이 떨면 고막에 붙어 있는 청소골이라는 세 개의 뼈가 그 떨림을 속귀의 달팽이관으로 전해. 그러면 달팽이관 속의 액체가 떨리면서 신경 세포를 자극하고, 소리는 전기 신호로 바뀌어 뇌로 전해져. 소리가 기체(공기), 고체(청소골), 액체(달팽이관)를 거치면서 공기의 진동, 곧 음파는 50배가량 진폭이 커져.✚

속귀에는 달팽이관 그리고 평형 감각을 맡은 안뜰 기관으로 반고리관, 둥근주머니, 타원주머니 등이 있어. 네 발로 걷는 동물과 달리 사람은 두 발로 걷기 때문에 평형 감각이 뛰어난 편이야. 배에서 멀미가 나는 것도 파도와 배의 움직임이 안뜰 기관을 자극하기 때문이야. 빙글빙글 도는 회전 감각은 반고리관 속 액체 움직임을 신경 세포가 뇌로 전해서 느끼는 거야. 코끼리 코를 하고 빙글빙글 돌다가 일어서면 중심을 잡지 못하잖아? 몸이 도는 걸 멈추어도, 회전 감각을 느끼는 반고리관 속의 액체는 돌던 힘으로 계속 돌기 때문이야. 그러면 뇌는 몸이 돈다고 착각해서 엉뚱한 곳에 다리를 딛게 하지. 그래서 비틀거리거나 넘어지는 거야.

속귀의 평형 감각 덕분에 머리가 흔들려도 눈은 움직이지 않고 한곳을 바라볼 수 있어. 그래서 우리는 걸어가면서 책을 볼 수 있지.

사람은 소리를 듣자마자 어느 방향

✚ **흰수염고래도 대화를 해**
흰수염고래는 수백 킬로미터 떨어진 곳의 동료와 소리로 의사소통을 하는데, 소리가 동료에게 도착하는 데 20~30분 정도 걸려.

✚ **멀리 가는 휘파람**
사람의 목소리가 전해지는 가장 먼 거리는 200미터쯤 돼. 그런데 휘파람 소리는 이보다 훨씬 멀리 가. 카나리아 제도에 사는 사람들은 휘파람을 통신 수단으로 이용하는데, 무려 8킬로미터 떨어진 곳에서도 들을 수 있대.

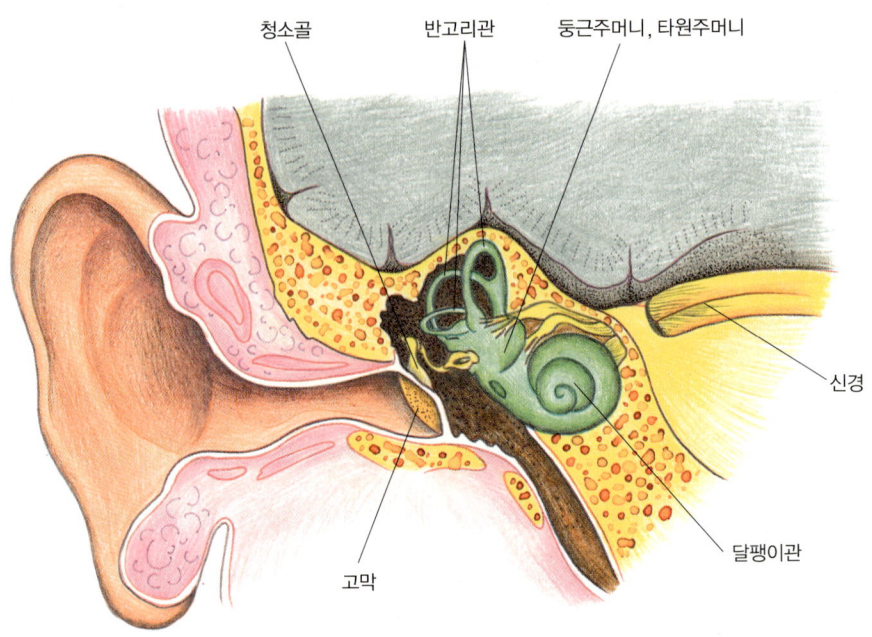

귀

나이가 들면 눈이 어두워지듯 귀도 어두워져. 심하면 보청기에 의지해야 해. 요즘은 시도 때도 없이 귀에 꽂고 다니는 이어폰이 가장 위험한 적이야. 이어폰은 고막이 늙는 속도에 바퀴를 달아 주거든.

에서 나는 건지 알 수 있어. 소리가 왼쪽에서 나면 왼쪽 귀가 먼저 듣고 오른쪽 귀는 조금 늦게 듣잖아? 그 시간 차이로 방향을 잡는 거야. 왼쪽 귀와 오른 쪽 귀가 소리를 듣는 시간차는 커 봐야 0.0005초, 곧 1초를 2,000개로 쪼갠 시간의 조각 하나지만 말이야.

맛보기

맛있는 음식은 대개 우리 몸이 바라는 음식이야. 단것을 싫어하는 사람은 거의 없지? 사람은 당분에서 단맛을 느끼는데, 당분은 소화 흡수되면 에너지로 쓰이거든. 맛없는 음식은 우리 몸이 꺼리는 음식이야. 쓴맛을 좋아하는 사람은 거의 없지? 쓴맛은 주로 독이 들었다는 신호거든.

먼 옛날 인류의 조상은 단것을 발견하면 허겁지겁 먹었을 거야. 맛있기도 하고 단것을 구하기란 쉽지 않았을 테니까. 단맛을 좋아하는 입맛은 그때나 지금이나 마찬가지지만 요즘은 단것이 너무 많아. 맛이 고소한 기름진 음식도 마찬가지야. 옛날엔 가뭄에 콩 나듯 맛보던 기름진 음식을 요즘은 날마다 싼값으로 맛보게 됐어. 오늘날 단 음식과 기름진 음식은 비만과 병을 불러오는, 달고 고소한 독 노릇을 하고 있지.

코를 막고 음식을 먹으면 맛을 제대로 느끼지 못해. 딸기 주스와 사과 주스를 구분하기도 어려워. 혀는 단맛, 쓴맛, 짠맛, 신맛, 감칠맛의

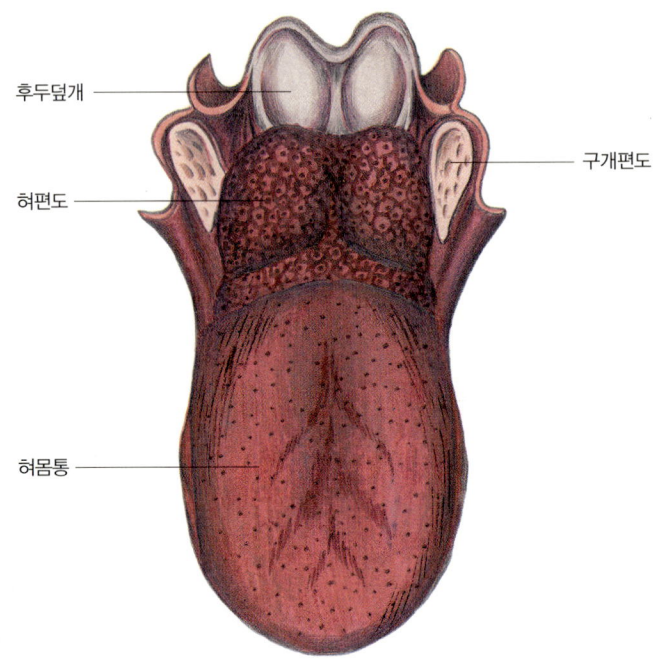

혀
혀는 맛만 보는 게 아니라, 음식을 씹을 때 음식을 침과 함께 섞고 목구멍으로 넘기는 복잡한 일을 해.

다섯 가지 맛을 느낄 뿐이고, 사과 주스와 딸기 주스를 구분하려면 코로 냄새를 맡아야 하거든.✛ 맛있는 음식이란 혀로 느끼는 맛도 중요하지만, 냄새가 좋고 보기에 좋고 씹는 느낌도 좋아야 해.

혀 근육은 크기에 비해 힘이 가장 센 근육이야. 동물의

혀는 놀라울 정도로 힘이 세. 곰은 혀로 나뭇가지를 벗기고, 사자는 혀로 사냥한 동물의 가죽을 벗겨. 하지만 사람의 혀가 힘이 가장 세. 옛날 속담에 이르기를 "세 치 혀가 사람을 잡는다"고 했어. 말 한마디가 화를 자초하기도 하고, 남의 가슴에 죽음의 비수를 꽂기도 하니까.

사람이 늙으면 혀의 미뢰가 줄어들어서 맛을 제대로 느끼지 못해. 60세가 되면 미뢰의 절반이 없어져. 나이 든 요리사의 음식 맛은 젊었을 때보다 짜지는 경우가 많아.

그리고 사람은 저마다 마치 지문처럼 자신만의 혀 무늬를 가지고 있어.

✚ 매운 건 맛이 아니야!
매운 맛이란 무얼까? 맵다는 것은 맛이 아니라 혀가 느끼는 아픔이야. 경제가 어려워지면 매운 음식을 찾는대. 사람들은 어쩌다 아픈 걸 좋아하게 됐을까?

✚ 혀를 한번 말아 봐
혀를 둥글게 말 수 있어? 15퍼센트의 사람은 혀를 둥글게 말지 못해.

온몸으로 느끼기

우리 몸은 추위와 더위를 느껴. 아픔을 느끼고, 크기와 질감을 느끼고, 바람이 몸을 스치는 것도 느껴. 이를 피부 감각이라고 하는데, 우리 몸엔 네 가지 감각점이 촘촘히 퍼져 있어. 추위를 느끼는 냉점, 더위를 느끼는 온점, 아픔을 느끼는 통점, 눌림이나 닿음을 느끼는 압점.

피부는 아픔에 가장 민감해. 피부 가로세로 1센티미터마다 통점은 90~150개, 압점은 25개, 냉점은 6~23개, 온점은 0~3개가 있거든. 감각점의 수는 위치에 따라 달라. 예를 들어 손가락 끝엔 압점이 100여 개이고 통점은 60여 개가 있어. 손가락으로 도구를 능숙하게 다루려면 눌림과 닿음을 잘 느껴야 하니까 그런 거야.

온도가 섭씨 10~40도인 물에 손

> ✚ **가려운 건 어떤 감각일까?**
> 가려움은 어떤 감각점에서 느끼는 걸까? 아마도 아픔을 느끼는 통점인가 봐. 통점을 마취하면 가려움도 느끼지 못하거든.
>
> ✚ **손등의 압점과 통점**
> 손등엔 압점이 9개이고 통점은 100여 개야.

을 오래 담그고 있으면 차거나 따뜻하다는 느낌이 곧 사라져. 손이 물의 온도에 적응하는 거야. 그런데 섭씨 45도를 넘어서면 아픔을 느끼는 통점이 반응해서 뜨겁다는 느낌을 받아. 겨드랑이나 옆구리의 간지럼은 닿음과 눌림을 느끼는 압점이 반응하는 거야.

 # 눈, 코, 귀의 역사

　진화론자들이 인류의 먼 조상이라고 주장하는 물고기는 두 쌍, 네 개의 콧구멍을 갖고 있어. 그중 두 개는 냄새만 맡고 물은 다시 밖으로 내보내는 거야. 오랜 진화를 거쳐 사람의 콧구멍은 냄새 맡기는 물론 숨을 쉬는 역할도 하게 됐어. 냄새 맡기는 인류의 먼 조상이 진화를 거듭하면서 얻은 첫 감각이야. 하지만 사람은 진화를 거듭하면서 눈이 점점 밝아지고 코는 점점 둔해졌지.

　모든 동물의 눈엔 빛을 받아들이는 옵신이란 분자가 있어. 빛에 옵신이 반응하면서 뇌로 신호를 보내는 거야. 옵신은 동물 종마다 조금씩 다르지만, 수십억 년을 거슬러 올라가다 보면, 몸의 일부분이 옵신으로 바뀌어 태어난 돌연변이 박테리아를 만날 수 있어. 시각의 탄생, 곧 처음으로 빛을 느낀 생명체가 태어난 거야.

　우리 눈엔 빨강, 파랑, 초록을 느끼는 세 가지 원추 세포가 있어. 파랑을 느끼는 원추 세포가 가장 먼저 생겼고, 그 뒤에 빨강, 마지막으로 초록을 느끼는 원추 세포가 나타났어. 3,500만 년 전의 일이야.

　귀의 세 부분 중에서 가장 먼저 나타난 건 속귀야. 파충류는 가운뎃귀의 청소골이 하나뿐이야. 파충류보다 늦게 지구에 나타난 포유류는 청소골이 세 개지. 그래서 포유류는 파충류보다 더 높은 음을 들을 수 있어. 가장 늦게 나타난 귓바퀴도 포유류만 지니고 있어.

물고기는 귀가 없지만 대신 옆줄로 물의 떨림을 느껴. 어쩌면 물고기의 옆줄이 속귀의 기원일 수도 있어. 까마득히 먼 옛날, 어느 물고기가 진화하며 뭍으로 올라왔어. 그런데 옆줄론 공기의 떨림, 곧 소리를 듣기 어려워. 공기의 떨림을 느끼려면 진동을 크게 하는 증폭 장치가 필요해. 물, 곧 액체 속엔 분자가 촘촘하기 때문에 진동이 잘 느껴지지만 공기, 곧 기체 속엔 분자가 드문드문 있어서 진동이 약하게 느껴지지. 물의 떨림으로 쉽게 듣다가 공기의 떨림으로 들으려다 보니 귀가 복잡한 구조로 진화한 거야.

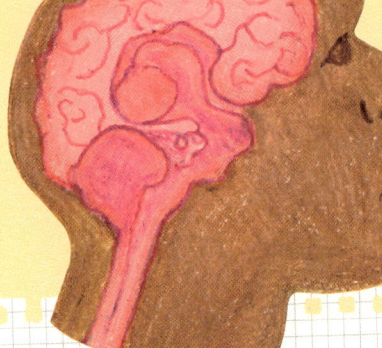

사람의 뇌

정신 이상의 가장 흔한 증세는 눈, 귀, 코 등이 전달한 화학, 전기 신호를 뇌가 남들과 다르게 해석하는 거야. 돈키호테가 풍차를 악마로 여기고 공격하듯 말이야. 또 남들은 못 보는 걸 보고, 남들은 못 듣는 걸 듣기도 해. "세상의 모든 풍차는 악마가 변장한 것이다!" 하느님을 믿는 돈키호테에게 하늘에서 이런 소리가 들려온다면, 그대로 믿고 따르는 건 당연한 일이 아닐까? 이른바 미친 사람의 뇌는 뒤죽박죽인 게 아니라 남들과 다른 방식으로 논리 정연한 거야.

뇌의 대뇌 피질을 달리 이성의 뇌라고도 하는데,
오직 인간만 이성을 지닌다고들 해. 찬란한 문명, 위대한 유산,
아름다운 예술은 대뇌 피질의 작품이야.
그러나 세계 대전과 인종 청소를 꾸민 범인도 대뇌 피질이야.
흔히 이성으로 감정을 누를 줄 알아야 사람다운 사람이라고 해.
감정을 못 참아서, 이를테면 화를 못 참아서 한 사람을 죽일 수는 있어.
하지만 화를 못 참아서 수백만 명을 죽이진 않아.
이성은 한마디로 계산하는 능력이야. 유태인 학살 같은
인종 청소는 이성의 차가운 계산이 저지른 범죄야.
유태인을 학살해서 얻을 수 있는 이익만 계산하는 이성,
동정심 같은 감정 없는 이성이 엄청난 일을 저지른 거지.

영혼은
어디에 있을까?

영혼이 있다고 믿는 사람이 있고, 없다고 믿는 사람도 있어. 서로 반대인 두 믿음은 말 그대로 믿음일 뿐이야. 영혼이 있다고 증명한 사람도 없고 영혼이 없다고 증명한 사람도 없으니까. 하지만 인류는 오래전부터 영혼이 있다고 여기며 살아왔어. 제사, 성묘처럼 죽은 이의 영혼을 모시는 문화는 세계 어디를 가든 흔한 거니까.

영혼은 죽은 사람의 몸을 떠난다고 하잖아? 그렇다면 영혼은 몸 어디에 있는 걸까? 가슴속에 있다고도 하고 머릿속에 있다고도 하는데, 지금껏 수술을 하다가 몸속에서 영혼을 보았다거나 엑스레이로 영혼을 찍었다는 의사는 없거든. 개중엔 영혼이 투명해서 안 보인다고 말하는 사람도 있어.

영혼은 영원히 죽지 않는다고 이야기하는 종교가 많아. 또 이승에서 잘못하면 저승에서 영혼이 벌을 받는다고 경고하곤 해. 신을 믿지 않거나 죄를 지으면 지옥에 떨어진다거나 하는 이야기 말이야. 저승에서 영혼이 벌을 받는다는 말은 이승에서의 잘못도 영혼이 저질렀다는 뜻이겠지? 종교를 가진 사람들은 대개 생각하고, 말하고, 행동하는 중심에 영혼이 있다고 믿어. 마음 또는 정신이 바로 영혼이거나 또는 영혼의 일부라는 거지.

영혼은 가끔 몸속에 갇히기도 해. 이를테면 지적 장애인이라고 하는 사람들이 그래. 그들은 몸은 자라지만 병이나 유전자 이상으로 정신이 자라지 못한 사람들이야. 장애가 심한 사람은 정신이 두세 살배기로 멈춰서 남들과 전혀 대화를 나누지 못하기도 해. 커다란 어린아이 같은 지적 장애인들은 영혼이 몸속에 갇힌 거나 마찬가지지. 지적 장애인들의 영혼은 저승에 가선 남들과 이야기를 나눌 수 있을까?

영혼은 가끔 몸에 사로잡히기도 해. 자살한 연예인들은 대개 우울증이라는 무서운 병을 앓고 있었어. 우울증은 몸속에, 특히 뇌 속에 세로토닌이란 화학물질이 모자라서 생기는 병이야. 세로토닌이 모자라면 마음이 거짓말처럼 싹 달라져. 희망은 씻은 듯이 사라지고, 세상 모든 일에 남김없이 절망하거든. 우울증을 앓던 미국 소설가 헤밍웨이는 노벨문학상을 받게 됐다는 소식을 들

➕ **영혼은 있을까?**

68억 인류 중에서 적어도 75퍼센트는 종교를 가지고 있는데, 대부분의 종교는 저승이 있다고 말해. 저승은 죽은 이의 영혼이 머무는 곳이야.

➕ **영혼의 무게**

어느 과학자가 죽음을 앞둔 환자의 몸무게를 재고, 또 숨을 거두고 나서 몸무게를 쟀는데 21그램이 줄어들었대. 그래서 그 과학자는 영혼의 무게가 21그램이라고 주장했어.

고도 기뻐하지 않았대. 그러곤 몇 해 뒤 자살해 버렸지. 그의 영혼은 몸속의 화학 물질에 사로잡힌 거야. 헤밍웨이의 영혼은 저승에서 희망을 되찾았을까?

마음이 아파서 몸에 병이 드는 경우도 있고, 몸이 아파서 마음에 병이 드는 경우도 있어. 우울증 같은 마음의 병이 몸속 화학 물질의 부족에서 비롯되기도 하고 암, 심장병, 당뇨병 같은 몸의 병이 마음을 괴롭히는 스트레스에서 비롯되기도 해. 몸과 마음, 몸과 영혼은 떼려야 뗄 수 없는 관계를 맺고 있는 셈이지. 동전의 앞뒤처럼 말이야.

만일 영혼이 없다면 내 몸이 죽을 때 나의 마음, 나의 정신도 사라지고 말아. 내가 아는 모든 사람들, 나를 아는 모든 사람들, 내가 기억하는 모든 것들이 흔적 없이 사라져. 지구와 달과 아홉 행성과 태양과 무수한 별로 빛나던 우주가, 숨을 거두는 내 시야와 함께 빛을 잃고 깜깜해지는 거야. 나는 사람들 기억 속에서 내가 살아서 한 말과 행동으로 남아. 영혼이 없다면 죽음은 가장 슬프고 영원한 이별이야. 인류의 오랜 믿음처럼 영혼이, 저승이 있다고 믿는 게 훨씬 나을 것 같아. "내가 지옥에 떨어져도 좋으니 천국이 정말로 있다면 얼마나 좋을까?" 어느 소설가는 이런 글을 썼어.

생명, 감정, 이성의 뇌

여러 겹으로 된 양파처럼, 우리 뇌도 세 겹으로 나눌 수 있어.

가장 안쪽 깊은 곳의 뇌줄기는 심장 박동, 호흡, 체온, 혈압 등 원초적인 기능을 조절해. 그래서 생명의 뇌라고도 불러.

뇌의 대부분을 차지하는 대뇌는 아래쪽의 변연계와 위쪽의 대뇌 피질로 나뉘어. 변연계는 분노, 애정, 기쁨, 슬픔 등의 감정을 느끼고 표현하게 해.

대뇌 피질은 달리 '이성의 뇌'라고도 하는데, 오직 인간만 이성을 지닌다고들 해. 찬란한 문명, 위대한 유산, 아름다운 예술은 대뇌 피질의 작품이야.

그러나 세계 대전과 인종 청소를 꾸민 범인도 대뇌 피질이야. 흔히 이

✚ 내 안의 파충류
파충류에게도 있어서 흔히 '파충류의 뇌'라고도 하는 뇌줄기는 뇌 중에서 가장 원초적인 역할을 맡아. 공격성, 짝짓기 그리고 권력을 차지하려는 욕망이 이곳에서 비롯돼.

✚ 동물도 감정을 느낄까?
포유류에게만 있어서 포유류의 뇌, '감정의 뇌'라고 불리는 변연계는 뇌 중에서 감정을 만드는 부분이야. 사람만큼 섬세한지는 모르지만, 또 동물마다 종류와 정도의 차이는 있겠지만, 대부분의 포유류는 슬픔, 기쁨, 분노, 동정 같은 감정을 느낄 거야.

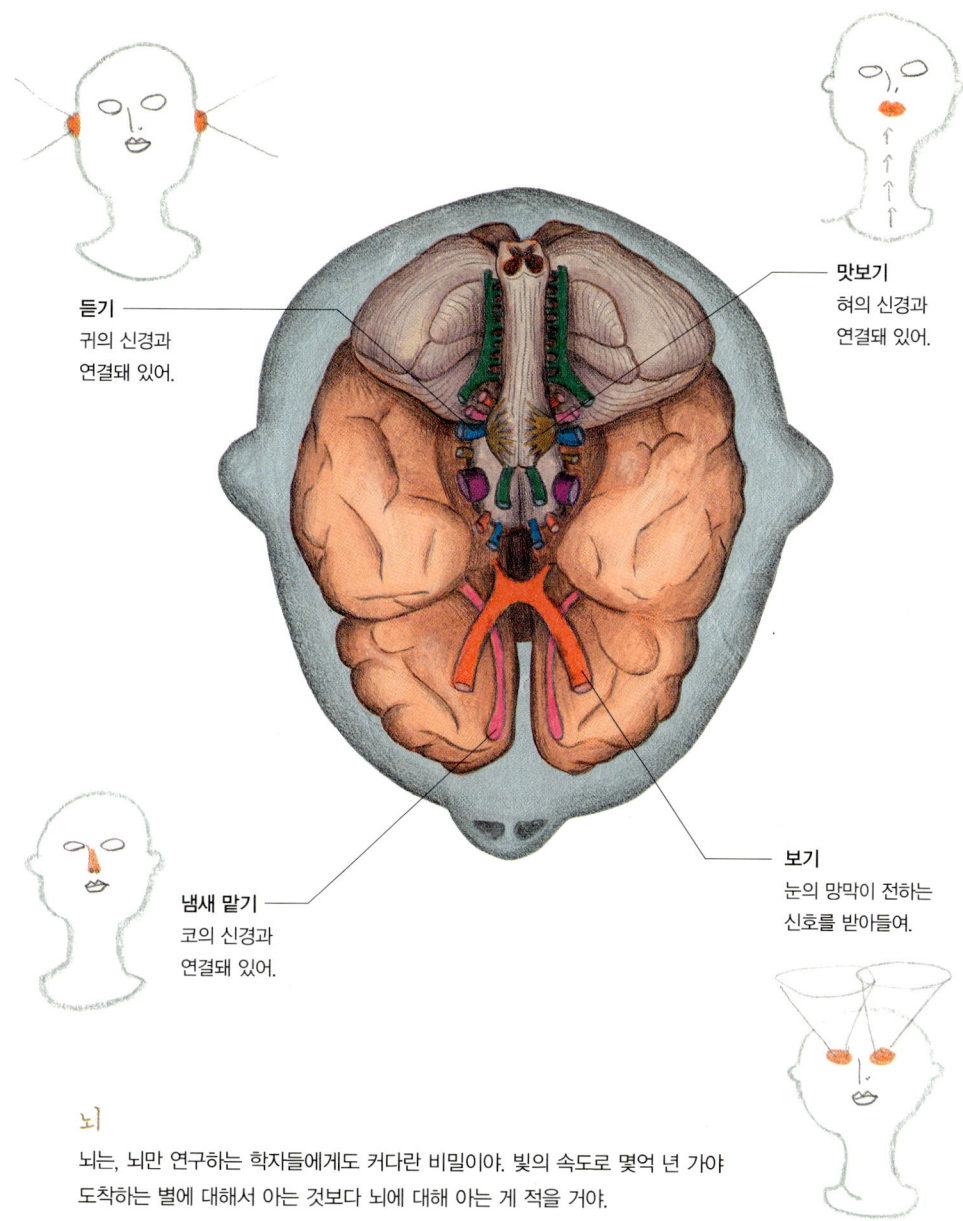

듣기
귀의 신경과
연결돼 있어.

맛보기
혀의 신경과
연결돼 있어.

냄새 맡기
코의 신경과
연결돼 있어.

보기
눈의 망막이 전하는
신호를 받아들여.

뇌

뇌는, 뇌만 연구하는 학자들에게도 커다란 비밀이야. 빛의 속도로 몇억 년 가야 도착하는 별에 대해서 아는 것보다 뇌에 대해 아는 게 적을 거야.

149

성으로 감정을 누를 줄 알아야 사람다운 사람이라고 해. 감정을 못 참아서, 이를테면 화를 못 참아서 한 사람을 죽일 수는 있어. 하지만 화를 못 참아서 수백만 명을 죽이진 않아. 이성은 한마디로 계산하는 능력이야. 유태인 학살 같은 인종 청소는 이성의 차가운 계산이 저지른 범죄야. 유태인을 학살해서 얻을 수 있는 이익만 계산하는 이성, 동정심 같은 감정 없는 이성이 엄청난 일을 저지른 거지.

동물은 배고플 때만, 또는 자신과 식구를 지킬 때만 다른 동물을 죽여. 동물 중에서 오직 사람만 이성을 지닌 존재로 진화했어. 감정뿐인 동물과 달리, 이성을 지닌 사람은 별 감정 없이 사람을 죽이기도 해. 이성 없는 감정보다 훨씬 무서운 건 감정 없는 이성이야.

화내는 사람들

기뻐하다 슬퍼하고, 사랑하다 미워하고, 화내다 동정하고……. 문명사회든 원시사회든, 세계 어디에서 살든, 인류는 비슷한 감정을 느끼고 표현해.

화나는 감정을 참지 못해서 주먹을 날리는 어른도 있어. 당연히 몸과 마음에 상처를 준 만큼 값을 치러야 하고 심지어 감옥에 가기도 해.

미워하는 감정을 가진 사람끼리, 그런 지방끼리, 그런 민족끼리, 그런 나라끼리는 끝없이 서로 해코지를 하며 다람쥐 쳇바퀴 돌 듯 손해를 입히고 입어. 물론 동정심처럼 좋은 감정도 있지만 사람들은 종종 감정에 휩싸여 남에게는 물론 자기에게도 손해가 되는 짓을 해.✚

똑같아 보이는 왼쪽 짚단과 오른쪽 짚단 사이에서 뭘 먹을까 망설이던 당나귀가 결국 굶어 죽는다는 우화가 있어. 우화는 우화일 뿐이고, 진짜 당나귀라면 왼쪽이든 오른쪽이든 하나를 고

✚ **왕보다 사랑이 더 좋아**
사랑하는 감정은 종종 사람을 앞뒤도, 물불도 안 가리게 해. 1936년, 영국의 왕 에드워드 8세는 사랑하는 여성과 결혼하려고 왕관을 벗어 던진 일로 유명해.

를 거야. 서둘러 짚단 하나를 고르도록 이끄는 게 바로 감정이야. 당나귀 마음속에서 왼쪽 짚단이 마음에 든다는 감정이 생기는 거야. 맛있게 짚을 먹는데 호랑이가 나타났어. 당나귀의 마음이 두려운 감정에 휩싸이지 않으면 큰일이지. 짚이 아깝다고 호랑이 앞에서 우물쭈물하는 당나귀는 없어. 두려운 감정이 솟구치면 당나귀는 앞뒤 안 가리고 도망칠 거야.

자동차가 아이에게 달려들면 엄마는 죽기를 각오하고 아이를 지키려고 해. 동물도 마찬가지야. 대부분의 어미는 새끼를 지키기 위해 목숨을 걸어. 물불 안 가리게 하는 감정이 솟구치는 거야. 위기 앞에서 그런 감정이 솟구치는 어미의 자손은, 그렇지 않은 어미의 자손보다 훨씬 번창할 거야. 오랜 세월이 흐르면서 그런 어미와 새끼가 대를 이어 지구 생태계를 가득 채운 셈이지.

감정은 가장 먼저 해야 할 일을 정하도록 이끌어. 굶어 죽은 당나귀가 되지 않게 하는 거야. 감정은 앞뒤 안 가리고 빨리 해야 할 일을 정해 줘. 화가 나서 주먹을 날리게 하고, 두려워서 도망치게 하고, 자식을 지키려고 용감해지게 해.

화가 나서 사람을 죽이려는 사람은 속으로 무슨 생각을 할까? 이 사람을 죽이면 감옥에 갈 텐데, 하고 생각하진 않아. 죽이는 사람은 죽이는 게 옳다고 생각하는 거야. 화가 나서든, 내가 먼저 죽이지 않

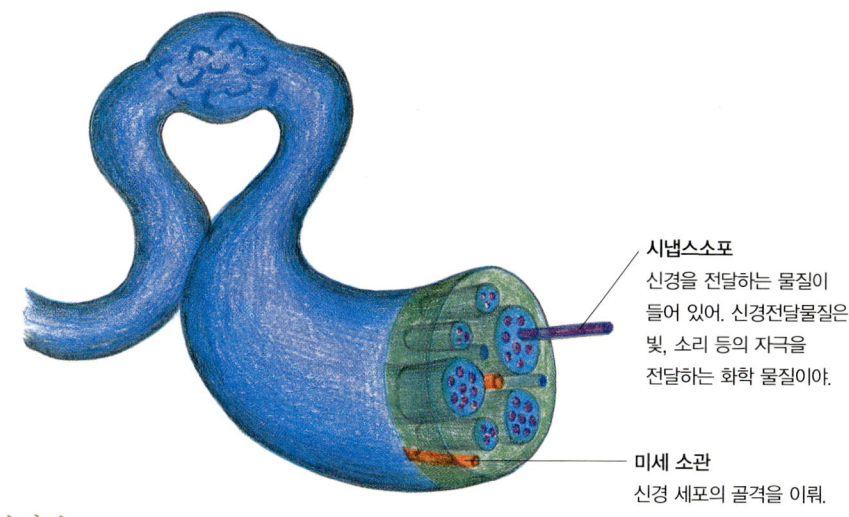

시냅스소포
신경을 전달하는 물질이 들어 있어. 신경전달물질은 빛, 소리 등의 자극을 전달하는 화학 물질이야.

미세 소관
신경 세포의 골격을 이뤄.

신경계

눈, 코, 귀, 피부에서 이런저런 정보가 신경을 타고 전달되면 우리 뇌는 '좋아.', '싫어.', '화나.', '불쌍해.' 등과 같은 감정을 느껴. 정보가 신경을 타고 전달되는 속도는 가장 빠른 경우 1초에 120미터야. 어린이는 전선의 고무 피복 역할을 하는 수초가 없어서 어른보다 신경이 둔하지. 또 노인이 되면 속도는 차츰 느려져.

으면 도리어 내가 죽을 것 같은 두려움 때문이든, 죽어야 마땅하다고 생각해서 죽이는 거지. 곧 땅을 치고 후회할지언정 말이야. 생각은 감정과 나란히 나아가는 거야. 생각과 행동은 샴쌍둥이처럼 감정과 꼭 붙어 다녀. 감정 없는 생각, 행동은 있을 수 없어.✚

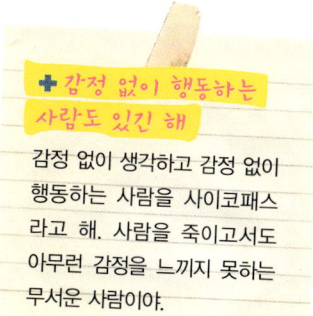

✚ **감정 없이 행동하는 사람도 있긴 해**

감정 없이 생각하고 감정 없이 행동하는 사람을 사이코패스라고 해. 사람을 죽이고서도 아무런 감정을 느끼지 못하는 무서운 사람이야.

기억은 어디에 있을까?

 뇌엔 1,000억 개의 신경 세포가 있어. 사람은 누구나 자기 이름을 기억하잖아? 이름이라는 기억은 도대체 어디에 새겨져 있는 걸까? 1,000억 개의 신경 세포 하나하나가 기억을 지니는 걸까? 1,000억 개의 신경세포가 기억으로 가득 차면 새로운 기억은 어디에 새겨지는 걸까? 더구나 뇌의 신경 세포는 20세 이후로 하루에 10만 개씩 줄어든다는데, 중요한 기억을 지닌 세포가 사라지면 어쩌지?

 너무 걱정할 필요는 없어. 기억은 서랍에 담긴 물건처럼 신경 세포가 지니는 건 아니야. 하나의 신경 세포는 1,000개가 넘는 다른 신경 세포들과 연결돼 있어. 우리 뇌엔 적어도 100조 개의 연결이 있는 셈이지. 기억을 되살리거나 새로운 생각을 할 때마다 신경 세포들끼리의 연결이 달라지거나 늘어나. 신경 세포들끼리의 새로운 연결이 만들어지면 새로운 기억이 만들어지고, 연결을 자주 사용할수록 기억을 떠올리기도 쉬워져.

 지식이 늘어난다는 것, 곧 기억이 늘어난다는 것은 신

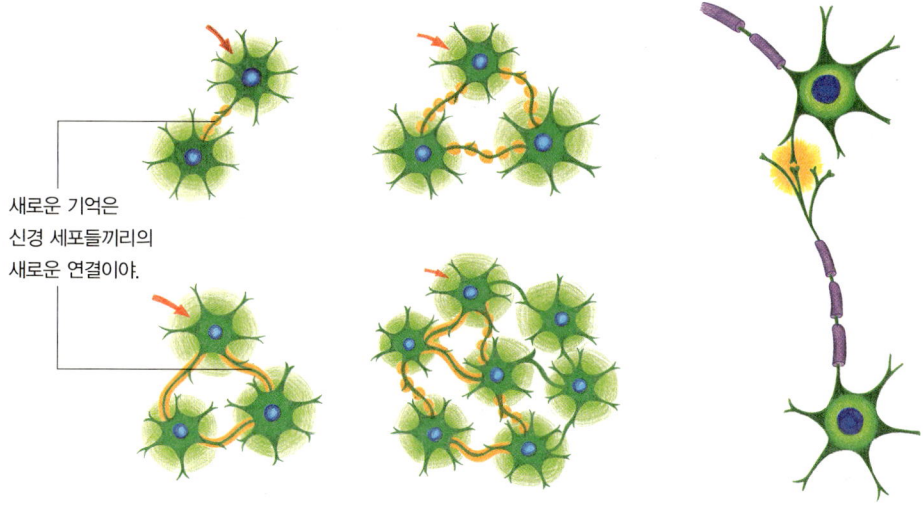

새로운 기억은
신경 세포들끼리의
새로운 연결이야.

기억 형성
나이가 들면 몸의 기능이 대부분 떨어져. 기억력도 마찬가지지. 하지만 책을 부지런히 읽고, 생각을 하면서 자꾸 머리를 쓰면, 기억력이 떨어지는 걸 막거나 꽤 늦출 수 있어.

경 세포들끼리의 연결이 늘어나는 거야. 하루에 10만 개씩 신경 세포가 사라져도 뇌를 부지런히 사용하면 신경 세포들끼리의 연결이 늘어나니까 나이를 먹어도 지식은 계속 늘어날 수 있어.

　사람은 자기가 언제나 옳고 정당하다고 생각하는 본능을 가지고 있어. 영화 속 악당은 자기가 나쁜 놈이라고 떠벌이기도 하지만 현실의 악당은 자기가 나쁜 놈이 아니라고 믿어. 또 사람은 자기가 평균 이상으로 유능하다고 생각하는 본능을 가지고 있어. 그래서 사람은 경기에서 이기면 자기 능력 탓으로 돌리고 지면 운 탓으로 돌려. 신도 아니고 사람인데, 언제나 옳고 정당할 수 있을까? 불가능하지. 그래서 사람은 실수나 잘못을 하고 나서는 핑계거리를 찾는 경우가 많아. 무슨 핑계라도 대서 자기는 옳고 정당하다고 주장하고 싶어 하는 마음도 결국 사람의 본능에서 비롯된 거야.

그래서 기억은 주로 자기편이야. 지난 일로 자기가 난처해지겠다 싶으면 뇌는 기억을 조작해. 슬그머니 자기도 모르게. 사람은 기억이 바뀌었다는 걸 기억하지 못하니까. 기억은 앨범의 사진처럼 차곡차곡 저장되는 게 아니거든.

우리가 겪은 사건은 뇌 속에서 영상, 소리, 느낌, 의미 등으로 조각조각 나뉘어 저장돼. 기억을 떠올린다는 건 흩어진 조각들을 다시 조립하는 일인데, 원래 사건하고 결코 같을 수 없어. 뇌가 실수로 조각을 빠뜨리기도 하고, 자기가 옳고 정당하다는 믿음을 가지려고 슬그머니 조각을 바꿔치기하기도 하니까.✚ 그래서 자기 기억이 확실하다는 믿음은 옳지 않을 때가 많아. 자기 실수와 잘못을 인정하려면 노력과 큰 용기가 필요해.

✚ 눈덩이가 불어나듯
그래서 소문은 사람들을 거치면 거칠수록 원래 내용하고 점점 달라지는 거야.

행복한 뇌의 세상,
불행한 뇌의 세상

사람의 몸은 100와트의 에너지를 써. 집에서 흔히 쓰는 백열전구가 60와트니까, 우리 몸이 어느 정도의 에너지를 쓰는지 짐작이 될 거야. 뇌는 하루에 7만 가지 생각을 하고, 온갖 근육과 내장을 조종하는 일에 관여하며 체온과 혈압을 유지해.

우리 뇌는 몸이 쓰는 에너지 100와트 중에서 20와트나 써. 뇌의 무게는 몸무게의 2퍼센트밖에 안 되지만 하는 일이 워낙 많아서 그래. 그냥 서 있는 동작 하나에도 뇌는 3,000가지 계산을 해야 하거든.

지금 우리 눈에 보이는 세상은 우리 뇌가 만든 영상이야. 눈은 그저 전자기파 얼룩을 전기 신호, 화학 신호로 바꾸어 뇌로 보낼 뿐이야. 전기 신호, 화학 신호로 영상을 그리는 일은 전적으로 뇌의 몫이야. 공기의 잡다한 진동을 불규칙한 소음과 규칙적인 소리로 나누고, 규칙적인 소리를 뜻있는 언어로 알아듣는 것도 뇌의 역할이지.

공기 중엔 빠르거나 느리게 움직이는 분자들이 있을 뿐이지만, 피부의 감각 세포가 분자의 속도가 빠르다는 신호를 보내면 우리 뇌는

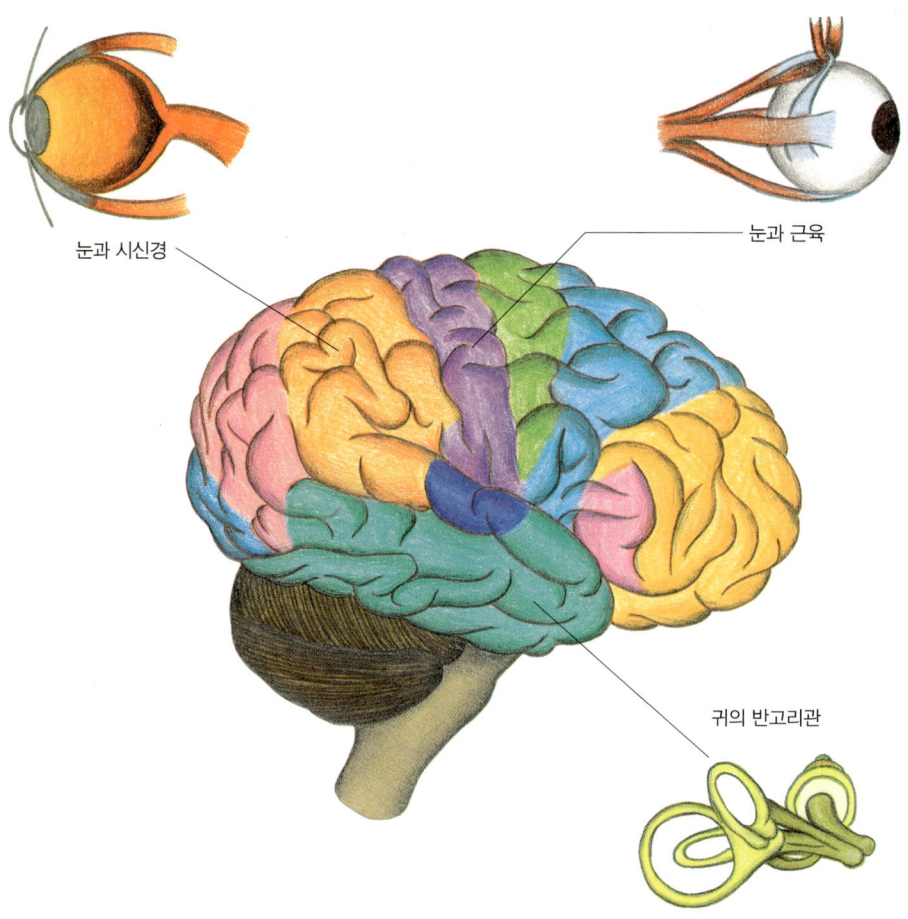

눈과 시신경
눈과 근육
귀의 반고리관

뇌

뇌에서 눈이 본 것을 받아들이는 부분은 눈의 움직임을 조종하는 부분과 다르지만, 무엇인가 눈으로 날아오면 눈을 감듯, 뇌는 눈이 본 것에 따라 즉시 눈의 움직임을 조종해. 소리도 마찬가지. 소리가 나는 방향으로 재빨리 눈을 돌리게 하니까.

덥다고 느끼고 속도가 느리다고 알리면 춥다고 느껴.✚

우리가 보고 듣고 맡고 맛보고 느끼는 세상의 모든 것들은 우리 뇌가 만든 거야.✚ 그럼 사람들의 눈, 아니 사람들의 뇌가 보는 세상은 모두 같은 세상일까? 행복하다고 느끼는 사람이 보는 세상과 불행하다고 느끼는 사람이 보는 세상은 전혀 달라. 굶어 죽어 가는 사람에게 보이는 빵 한 조각과 배부른 사람에게 보이는 빵 한 조각은 전혀 다른 것처럼 말이야. 마찬가지로 부자, 힘 있는 사람들 눈에 보이는 세상과 가난하고 힘없는 사람 눈에 보이는 세상은 같을 수도 없고 같아서도 안 돼. 세상이 누구에게나 똑같다고 말하는 건 가장 악랄한 거짓말이지.

✚ **내가 추우면 쇠붙이도 추워**

손바닥에 놓은 쇠붙이가 따뜻하게 느껴진다면 그 쇠붙이의 분자들이 손바닥의 분자보다 빠르게 진동한다는 뜻이야. 쇠붙이에서 더는 따뜻함이 느껴지지 않으면 쇠붙이의 분자와 손바닥 분자가 같은 속도로 진동한다는 이야기지.

✚ **나라고 느끼는 것**

"나는 생각한다. 고로 나는 존재한다."라는 말이 있어. 뇌가 생각해서 내가 존재한다면 '나'를 '나'라고 생각하는 '나'는 어디에 있을까? 위의 세 가지 '나'는 다 같은 '나'일까, 아니면 서로 다른 '나'일까? 눈이 거울 없이 자기 눈을 못 보듯, 나는 스스로 나를 느끼고 생각하지 못하는 건 아닐까?

누구나 꿈을 꿔

우리는 인생의 3분의 1을 잠으로 보내. 사람은 음식 없이 3주쯤 견딜 수 있지만 잠을 자지 않고 견딜 수 있는 기간은 11일이야. 자는 동안 뇌는 다양한 일을 해. 가장 중요한 일은 낮에 보고 듣고 겪은 것들을 나누고 모으고 섞는 거야. 버릴 건 버리고 정리할 건 정리하는 거지. 그래서 잠이 부족하면 뇌는 새로운 기억을 만들지 못해. 무얼 외우기가 어렵다는 뜻이야.

수석 합격했다고 텔레비전에 출연한 학생들은 흔히 이렇게 말해. 제때 잠자리에 들어 푹 잤다고. 뻔한 거짓말이라고 생각하는 건 아니겠지? 시험을 잘 보고 싶으면 밤새도록 책과 씨름하기보다는 적당히 공부하고 푹 자는 편이 나아.

누구나 자면서 꿈을 꾸어.✛ 꿈을 안 꿨다는 사람이 있는데, 기억하지 못할 뿐이야. 사람은 잠을 자면서 1~2시간 동안 4~7개의 꿈을 꾸는데, 깨어 있을 때보다 꿈꿀 때 뇌파가 더 활발해.✛ 깨어나서 5분이 지나면 꿈의 50퍼센트를 잊어버리고 10분이 지나면 90퍼센트를 잊

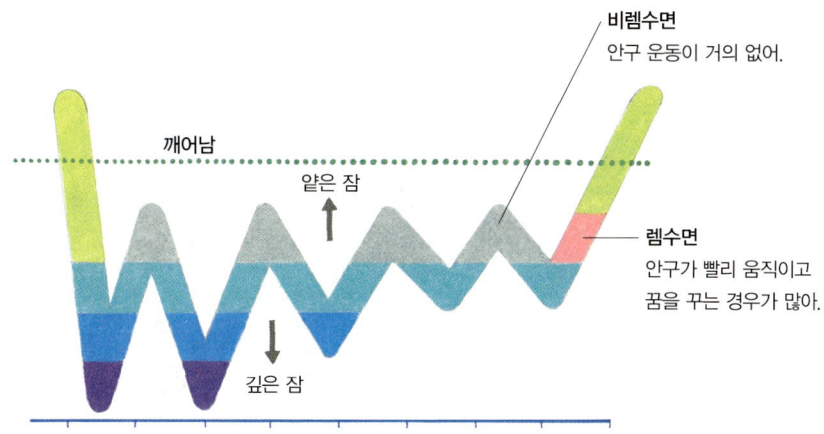

수면 그래프

사람의 잠은 일정한 게 아니라 깊은 잠과 얕은 잠, 꿈을 기억하는 잠과 꿈을 기억하지 못하는 잠 사이를 주기적으로 오고 가. 잠자는 시간은 피로를 회복하는 휴식의 시간이기도 하지만, 잠자는 동안에 뇌가 활발히 활동하기도 하고, 어린이는 잠자는 동안에만 자라지.

어버려. 꿈을 남기고 싶으면 일어나자마자 재빨리 적어야 해.

꿈에서 기가 막힌 아이디어를 얻은 사람이 꽤 있어. 오토 뢰비라는 학자는 꿈에서 얻은 아이디어로 실험에 성공해서 노벨상을 받았어. 화학자 케쿨레도 꿈 덕분에 벤젠이란 화학 물질의 구조를 깨달았어. 베토벤과 모차르트는 꿈에서 여러 곡의 악상을 얻었다고 해. 일부 과학자들은 아이큐가 높을수록 꿈을 자주 꾼다고 말하지.

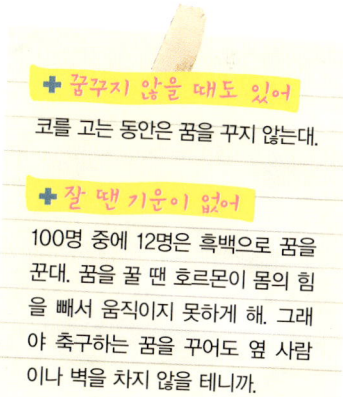

➕ **꿈꾸지 않을 때도 있어**
코를 고는 동안은 꿈을 꾸지 않는대.

➕ **잘 땐 기운이 없어**
100명 중에 12명은 흑백으로 꿈을 꾼대. 꿈을 꿀 땐 호르몬이 몸의 힘을 빼서 움직이지 못하게 해. 그래야 축구하는 꿈을 꾸어도 옆 사람이나 벽을 차지 않을 테니까.

남에게 말 걸기

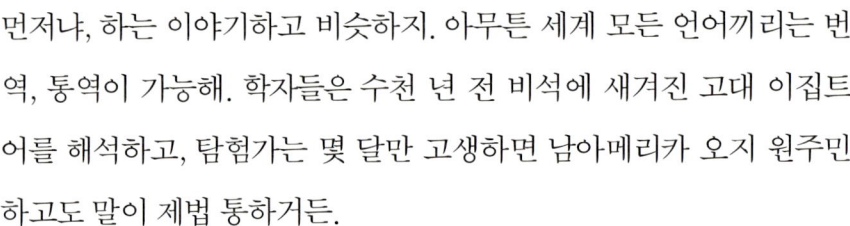

　말을 하다 보니 인간의 지능이 발달했다고도 하고, 인간의 지능이 발달해서 말을 하게 됐다고도 해. 닭이 먼저냐, 달걀이 먼저냐, 하는 이야기하고 비슷하지. 아무튼 세계 모든 언어끼리는 번역, 통역이 가능해. 학자들은 수천 년 전 비석에 새겨진 고대 이집트어를 해석하고, 탐험가는 몇 달만 고생하면 남아메리카 오지 원주민하고도 말이 제법 통하거든.

　하지만 사람은 다른 동물하곤 말이 통하지 않아. 그저 잘 훈련된 동물이 사람의 명령을 따를 뿐이지. 앵무새는 하소연이나 잘난 척을 하는 게 아니라 그저 사람의 말소리를 흉내 낼 뿐이야.

　전 세계 수천 가지 언어는 구조가 거의 비슷해. 언어의 구조가 비슷하다는 건 생각하는 방식이 비슷하다는 뜻이야. 제주도에 표류한 네덜란드 인 하멜은 어떻게 조선말을 하게 됐을까? 그쪽 말을 한마디도 못하면서 혈혈단신 서역으로 떠난 조선 승려도 꽤 있었어. 어떤 이방인을 만나도 시간이 흐르면 결국 말이 통하게 된다는 거지.

수천 가지 말이 서로 통한다는 건 인류의 조상이 한 종족, 한 지역 출신이라는 증거야. 인류는 모두 거기에서 출발하여 대를 이으며 전 세계로 퍼져 나갔다는 거지. 한국인이 처음부터 한반도에서 산 건 아니라는 뜻이기도 해.

말하는 기능은 왼쪽 대뇌 피질이 맡아. 그래서 왼쪽 뇌를 다치면 말하는 능력을 잃기도 해. 다친 부위에 따라 증상은 다양해. 어떤 사람은 자기 말은 잘하면서도 남의 말은 알아듣지 못하고, 어떤 사람은 이 생각을 하는데 저 말이 나온다고도 해.

말은 어떤 시기가 지나면 영영 배우지 못해. 드물지만 태어나자마자 밀림 같은 곳에서 홀로 자란 아이들이 있어. 숲에서 살다가 12세 무렵에 인간 사회로 돌아온 아이가 있었는데, 40세에 죽을 때까지 두세 마디밖에 익히지 못했어. 늦어도 12세 이전에 국어든 영어든 한 가지 말을 배워야 사람들과 그럭저럭 소통한다고 해. 7세 이전에 배운 말은 자기 모국어로 능숙하게 쓸 수 있어.✛

✛ **낱말을 몇 개나 알아?**
대개 1세가 되면 낱말을 말해. 2세가 되면 낱말들을 짜 맞추고, 3세가 되면 날마다 10개의 새로운 낱말을 말하게 돼. 15세쯤이면 2,000개의 낱말을 알게 돼.

구닥다리 뇌와 최신식 뇌의 공생

가장 안쪽의 뇌줄기는 세 겹의 뇌 중에서 가장 먼저 생겨난 원시적인 뇌야. 5억 년 전에 나타난 뇌줄기는 파충류의 뇌를 닮았다고 해서 '파충류의 뇌'라고도 해.

뇌줄기는 심장박동, 호흡, 체온, 혈압 등 원초적인 기능을 조절하는 부위라서 다치면 목숨을 잃게 돼.

뇌의 대부분을 차지하는 대뇌는 안쪽과 바깥쪽, 두 겹으로 나눌 수 있어. 대뇌의 안쪽은 변연계라고 해. 2억 년 전에 나타난 변연계는 분노, 애정, 기쁨, 슬픔 등의 감정을 느끼고 표현하게 해. 감정 표현은 파충류에게는 없는 포유류의 고유한 행동이야. 그래서 대뇌의 변연계를 '포유류의 뇌'라고 하지.

파충류와 달리 포유류는 가족이나 동료의 죽음을 슬퍼해. 누군가의 죽음을 슬퍼한다는 건 그와 가까이서 오랫동안 함께 지냈다는 뜻이잖아? 슬픔 같은 감정을 느낀다는 건 그 동물이 의도적으로 집단생활을 한다는 증거 또는 집단생활을 할 수 있다는 가능성의 증거야.

대뇌의 바깥쪽, 대뇌 피질은 가장 늦게 나타난 부위야. 약 500만 년 전부터 20만 년 전까지 빠르게 발달한 대뇌 피질은 인간만 가진다고 해서 '인간의 뇌'라고도 해. 전체 뇌의 85퍼센트를 차지하는 대뇌 피질은 동물에선 볼 수 없는 인간적인 모든 것이 샘솟는 부위야. 그렇다고 해서 대뇌를 두 겹으로 두부 자르듯 나누어 볼 수는 없어. 두 겹의 대뇌는 수많은 양방향 통로로 서로 연결돼 있어.

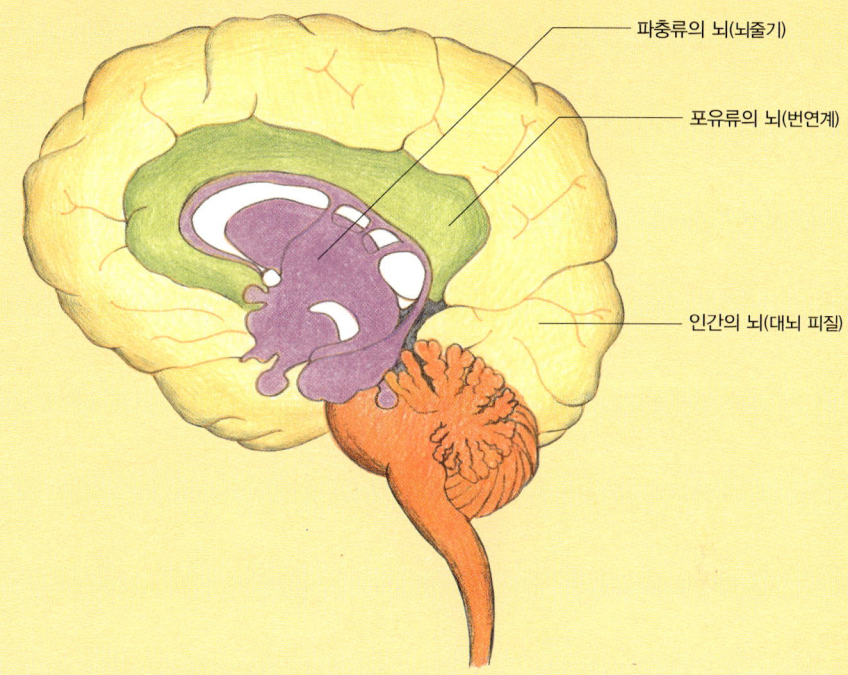

파충류의 뇌(뇌줄기)
포유류의 뇌(변연계)
인간의 뇌(대뇌 피질)

뇌의 삼층 구조

대부분의 사람은 대뇌 피질, 곧 이성이 변연계와 뇌줄기를 억압해. 다시 말해 파충류나 포유류처럼 굴지 않게 하는 거야. 그런데 치매가 오면 이성이 마비되고, 대뇌에 갇혀 있던 동물적인 정서가 드러나게 되지.

우리 몸의 세포는 늘 바뀌어. 죽은 피부 세포는
먼지나 때로 떨어져 나가고, 그만큼 새 피부 세포가 생겨.
위장은 5일마다 위벽을 새것으로 바꾸고, 간은 57주마다
새로운 간으로 바꾸고, 뼈는 평균 10년마다 새것으로 바뀌어.
하지만 세포가 무한정 새것으로 바뀌지는 않아.
새것으로 바뀔 수 있는 횟수는 우리 몸 설계도인
유전자에 정해져 있어서 누구도 거역하지 못해.
사람이든 동물이든 식물이든, 생명을 지닌 존재라면
반드시 받아들여야 할 숙명이지.

몸의 일생 ⑨

266일 더하기 1년

　임신을 하면 엄마의 심장이 내뿜는 피는 임신 전보다 30~50퍼센트 늘어나. 들이쉬는 산소도 15~25퍼센트 늘어나고. 몸속에 한 사람이 더 있으니까 당연한 일이지. 태아는 한 개의 수정란으로 출발해서 두 배씩 늘어나다가 2주 후엔 수십만 개의 세포를 이뤄. 3주가 지나면 뇌와 척추 신경이 발달하고 심장이 뛰기 시작해.

　1개월 된 태아는 사과 씨만 한데, 그 작은 몸에서 이미 모든 기관이 자리를 잡아. 처음 6주 동안 모든 태아는 여성으로 자라나. 그 뒤부터 남성은 남성 호르몬인 테스토스테론이 여성 기관의 성장을 막고 남성 기관이 성장하도록 해. 12주가 지나면 크기는 작지만 완전한 사람의 모습을 하게 되지.

　14주부터 태아는 양수로 가득 찬 자궁 안에서 오줌을 싸. 태아의 오줌은 양수와 섞이지만, 엄마는 세 시간마다 양수를 새로 바꿔. 임신 기간 동안 엄마는 약 1,000리터의 양수를 새로 만들어. 17주부터 태아는 주위의 자극을 느끼고 양수 맛을 봐. 20주가 되면 태아의 크기가 16센티미터쯤 되는데, 이때부터 엄마의 심장 소리를 들어. 이 무렵 태아의 뇌에선 1분에 25만 개의 신경 세포가 만들어져. 28주가 되면 태아는 엄마의 목소리를 구별하고, 드디어 빛과 어둠을 구분해. 곧 태어날 아이의 심장은 엄마의 자궁 속에서 이미 5,000만 번이나 뛰었어. 갓 태어난 아이는 평생 하게 될 5억 번의 호흡 중에서 첫 호흡으로 하필이면 울음을 터뜨려.

아이는 태어나서 2주 동안 자기 몸무게의 세 배나 되는 젖이나 우유를 먹어. 그 젖에서 얻은 열량의 80퍼센트는 뇌 발달에 사용돼. 그러다 보니 아이는 틈만 나면 자는 거야. 움직이는 데 쓰는 에너지를 아끼는 거지.

태어난 지 9개월이 되면 시각이 거의 완성되어 드디어 우주가 눈에 들어오기 시작해. 만 1세가 되면 몸무게가 태어났을 때의 두 배로 늘어. 체중은 잠과 깊은 관계가 있어. 잠을 자지 않고 꼼지락거리거나 울어 대면 몸이 될 영양소가 에너지로 쓰이지. 그래서 아이는 1세가 될 때까지 1년 365일 중에서 248일을 자면서 보내.

+ **빨리 자라는 아이**
임신 기간 마지막 2주 동안 태아의 체중은 16배 늘어나. 사람이 8주 만에 몸무게 1톤의 들소가 되는 것과 같아.

+ **많이 먹는 아이**
만 1세 때까지 먹는 우유는 319리터나 돼. 아이는 그렇게 많이 먹고, 오줌 144리터와 똥 39킬로그램을 싸.

어른 되기

어른이 된다는 건 아이를 낳을 수 있게 된다는 뜻이기도 해. 세상에 태어나고 싶어서 태어난 사람은 없어. 우리 몸은 우리 의지와 상관없이 태어나고 자라고 어른이 되고 늙어 가.

사람들은 스스로 삶의 의미를 생각하고, 서로 삶의 의미를 묻곤 해. 사람마다 삶의 목적은 조금씩 다르지만 몸의 변화를 살펴보면 몸은 오로지 하나의 목적을 좇는 듯해. 바로 생식, 곧 아이를 낳는 거야. 사람의 고귀한 정신은 인생에서 여러 의미를 찾고 뜻밖의 목적을 좇을 수도 있지만 사람의 몸은 오로지 생식하려고 생존한다는 거지.

때가 되면 유전자가 작동해서 소년 소녀의 몸을 재촉해. 어서 자라서 어른이 되라고. 변화는 뇌 속의 콩알만 한 뇌하수체에서 시작돼. 주인공은 호르몬이야. 뇌하수체가 뒤에서 호르몬을 지휘하고 호르몬은 우리 몸을 통치해.✛

성장 호르몬은 식욕을 돋우고 섭취한 음식의 영양소를 뼈와 근육으로 바꿔. 고환이 분비하는 남성 호르몬은 소년이 남성으로 자라게 해. 난소가 분비하는 여성 호르몬은 소녀가 여성으로 자라게 해.

호르몬은 몸뿐만 아니라 정신, 곧 사고방식도 바꿔. 사람마다 차이는 있지만 소년에겐 남성다움이, 소녀에겐 여성다움이 나타나기 시작해. 바로 이 시기가 성에 눈을 뜨는 사춘기야. 몸이 아이를 낳을 준비를 시작하는 거지.

사춘기가 되면 뼈가 빠르게 자라. 1년마다 9센티미터쯤 자라서 사춘기가 끝날 무렵이면 25센티미터쯤 키가 커져. 여자아이들은 체지방이 약 두 배쯤 늘어나. 한창 때는 몸무게가 한 달에 700그램까지 늘기도 해. 사춘기 소녀는 감정이 예민해져서 자주 웃고 자주 울기도 해. 사춘기 소년은 30배로 늘어난 남성 호르몬 때문에 거칠고 산만하고 성급해져.

✚ 무엇이 어른을 만들까?

사춘기 소년 소녀의 몸과 마음에 엄청난 변화를 불러오는 호르몬의 양은, 겨우 모래알의 100분의 1밖에 안 돼.

✚ 자라서 어른이 되면

소년 소녀가 자라서 25세가 되면 10세 때보다 키는 30센티미터쯤 커지고, 체중은 두 배로 늘어. 뇌세포는 이미 5,000만 개가 죽었어.

아픈 몸,
건강한 몸

    수백만 년 전, 인류의 먼 조상은 이리저리 돌아다니며 과일과 낱알을 따 먹는 부지런한 영장류였어. 인류의 가까운 조상도 몸을 부지런히 놀리는 사냥꾼이거나 농사꾼이었지. 하지만 현대인은 몸을 적게 움직이고 편히 먹고살게 된 대가로 심장 질환, 당뇨병, 비만 등을 얻었어.

    여름과 가을엔 먹이가 풍족하고 겨울과 봄엔 먹이가 적잖아? 인류의 조상에겐 먹이가 풍족한 시기와 궁핍한 시기가 반복됐어. 그래서 인류는 궁핍한 시기에 대비하여 몸에 지방을 쌓아 두어야 했고, 기름진 음식을 좋아하게 됐지. 그러나 요즘은 이게 재앙이야. 옛날엔 살아남는 데 도움을 준 지방이 요즘은 온갖 질병의 원인 되고 있어. 피부 밑에, 내장 곁에 너무 많은 지방이 쌓인 거야. 옛날엔 음식을 못 먹어서 죽었지만 요즘은 음식을 너무 먹어서 병들고 죽기도 해. 오늘날 건강을 지키는 가장 좋은 방법은 덜 먹기야.✚

    건강은 병에 걸려 몸이 아파야 비로소 자기 모습을 드러내. 마치 정

전이 됐을 때 비로소 전기의 가치가 드러나는 것처럼. 건강한 몸은 쉽게 말하자면 아프지 않은 몸이야.

몸의 역사는 바이러스, 박테리아와의 끝없는 전쟁의 역사야. 지구에 쳐들어온 외계인이 바이러스, 박테리아 때문에 전멸한다는 줄거리의 영화가 꽤 있어. 지구에서 인류가 살아남았다는 건 수많은 바이러스, 박테리아를 물리치는 방법을 우리 몸이 알았다는 뜻이야.

그런데 누가 그 방법을 안다는 걸까? 바로 우리 몸의 면역계야. 바이러스, 박테리아, 화학 물질 같은 외부

> **✚ 무조건 굶는 건 좋지 않아**
> 다이어트하는 사람, 곧 일부러 덜 먹는 사람은 살찐 사람만큼이나 병을 얻기 쉬워. 면역계가 약해질 뿐만 아니라 남보다 빨리 늙곤 해.

의 적은 물론 암 같은 내부의 반란군도 있어. 이처럼 이런저런 적들과 맞서 싸우는 군대가 바로 우리 몸의 면역계야.

우리 몸의 세포가 단백질로 이루어지듯 바이러스와 박테리아도 단백질로 이루어져. 면역계는 우리 몸에서 만들어지지 않은, 바이러스와 박테리아처럼 밖에서 들어온 단백질을 찾아내서 무찔러. 그리고 다음에 다시 쳐들어오면 쉽게 물리칠 수 있도록 그 단백질을 기억하지. 그래서 면역계를 제2의 뇌라고도 해.

우리가 학교에서 공부를 하듯 면역계의 세포들은 자기 단백질과 남의 단백질을 구별하는 법을 학습하는 거야. 예방 주사는 죽거나 힘이 약해진 단백질을 몸속에 넣어서 면역계에 예습을 시키는 거야. 그러면 나중에 진짜 바이러스나 박테리아가 침입했을 때 쉽게 물리칠 수 있지. 아플 때 열이 오르는 증상은 면역계가 병균과 싸운다는 증거야. 바이러스와 박테리아는 열에 약하거든.

면역계에서 백혈구는 병사 역할을 맡아. 우리 몸은 매일 수천억 개의 백혈구를 만드는데, 병균과 싸울 때는 세 배로 늘어나기도 해. 백혈구는 먼 옛날 인류 조상의 몸에 침입했다가 우연히 눌러앉게 된 박테리아일 거야. 큰창자 속에서 살림을 차린 여러 대장균들처럼 말이야. 적군이 아군으로 바뀐 셈이지.

> **✚ 면역계 세포 수**
> 면역계엔 모두 1조 개의 세포가 있고, 무게는 1킬로그램쯤 돼.

엄마 아빠, 힘내세요

40세가 되면 본격적으로 노화가 시작돼. 몸은 20대 때보다 하루에 120킬로칼로리를 덜 써. 그래서 젊었을 때처럼 먹다간 살찌기 쉬워. 체온 조절 장치에 말썽이 일어나기도 하고 쉽게 피로를 느껴.

폐가 공기를 빨아들이는 능력은 40퍼센트 가까이 떨어지지. 몸 곳곳의 조직은 유연성을 잃고, 눈도 탄성을 잃어 가까운 게 잘 안 보이는 원시가 오고 초점도 잘 안 맞아. 이런 현상을 흔히 노안이 왔다고 해. 피부는 탄력을 잃고 얇아지고 주름이 지지.✚

우리 몸의 활동은 37도에서 가장 활발해. 그보다 높으면 땀이 나는데, 사람은 하루에 도넛 한 개의 열량과 비슷한 170킬로칼로리를 열로 소모해.

40대 후반의 여성들은 이 기능이 일시적으로 고장 나. 열이 밖으로 빠져나가지 못해 몸이 뜨거워지면서 땀을 줄줄 흘리지. 이를 폐경기 증상이라고 하는

> ✚ 점점 힘들어지는 아빠의 아침
>
> 40대는 술도 약해지고 술이 깨는 시간도 길어져. 술을 즐기는 아빠의 아침은 점점 힘들어지지.

✚ 엄마의 갱년기
이 무렵이면 여성의 생리도 점차 사라져. 더는 아이를 낳을 수 없다는 뜻이야.

데, 사춘기부터 분비되던 여러 호르몬의 생산이 줄거나 멈춰서 그런 거야. 호르몬은 우리 몸의 통치자거든.✚

자연으로
돌아가기

우리 몸의 세포는 늘 바뀌어. 죽은 피부 세포는 먼지나 때로 떨어져 나가고, 그만큼 새 피부 세포가 생겨. 위장은 5일마다 위벽을 새것으로 바꾸고, 간은 57주마다 새로운 간으로 바뀌고, 뼈는 평균 10년마다 새것으로 바뀌어.

하지만 세포가 무한정 새것으로 바뀌지는 않아. 새것으로 바뀔 수 있는 횟수는 세포마다 몇십 내지 몇백 번뿐이야. 우리 몸 설계도인 유전자에 그렇게 정해져 있어서 누구도 거역하지 못해. 사람이든 동물이든 식물이든, 생명을 지닌 존재라면 반드시 받아들여야 할 숙명이지.

새것으로 바뀌지 못한 세포는 죽어 없어져. 세포가 죽어 하나씩 둘씩 사라지니까 노인의 피부가 쭈글쭈글한 거야. 근육과 뼈는 물론 뇌와 내장도 점점 쪼그라들면서 여기저기 병이 들어. 죽음이 한 발, 한 발 다가오는 거지.

나이 든 몸을 삶에서 밀어내는 건 자연의 섭리야. 자식의 몸이 다

　자라고 나면 부모의 몸은 필요 없거든. 자식의 몸에 더 풍족한 공간과 먹이를 주려고 부모의 몸은 사라지는 거야.
　몇몇 미생물을 빼고 지구의 모든 생명은 죽음을 숙명으로 받아들여. 죽음은 우리를 생명체로 태어나게 만든 유전자에 기록돼 있어. 우리 유전자엔 우리의 삶과 죽음이 동시에 기록돼 있는 거야.

구석구석 꼼꼼하게! 죽음의 탄생

지구의 첫 생명은 35억 년 전에 태어났어. 모든 생명체가 무성 생식을 하던 시절, 그러니까 박테리아가 끝없이 둘로 갈라지며 번식하던 시절엔 죽음이 없었어. 온통 생명만 있는 세상이었지.

몇억 년 전, 처음으로 유성 생식을 하는 생명체가 태어났고, 생명은 암컷과 수컷으로 나뉘었어. 유성 생식은 유전적으로 이로운 점이 많아. 그래서 유성 생식을 하는 생명체가 번성하게 됐는데, 바로 그때 죽음의 슬픈 운명이 태어난 거야.

자연에선, 자식을 낳아 기르고 나면 부모는 먹이를 두고 싸우는 자식의 경쟁자일 뿐이야. 부모가 자식과 경쟁하면 그 자식은 제대로 살아갈 수 없어.

어느 날, 유전자가 돌연변이를 일으켜 스스로 죽으라고 명령하는 생명체가 지구에 태어났어. 그 생명체는, 죽음의 유전자를 품고, 대를 이어 번성하게 됐지. 자연에서 살아남아 번성하려고 생명은 죽음을 받아들인 거야. 이것이 지구에서 살아남은 생명의 슬픈 운명이야.